LA REVOLUCIÓN DE LAS RELACIONES PERSONALES

Larry Hochman

La revolución de las relaciones personales

Cómo acercarse eficientemente
a los clientes

EMPRESA ACTIVA
Argentina - Chile - Colombia - España
Estados Unidos - México - Perú - Uruguay - Venezuela

Título original: *The Relationship Revolution – Closing the Customer Promise Gap*
Editor original: John Wiley & Sons Limited, Reino Unido
Traducción: Carlos Martínez Rueda

1.ª edición Noviembre 2010

© 2010 by Larry Hochman
Authorised translation from the English language edition published by John Wiley & Sons Limited
All Rights Reserved
© 2010 de la traducción *by* Carlos Martínez Rueda
© 2010 *by* Ediciones Urano, S.A.
Aribau, 142, pral. – 08036 Barcelona
www.empresaactiva.com
www.edicionesurano.com

ISBN: 978-84-92452-64-4
Depósito legal: B. 39.847–2010
Fotocomposición: Zero preimpresión, S.L.
Impreso por: Romanyà-Valls – Verdaguer, 1 – 08786 Capellades (Barcelona)

Impreso en España – *Printed in Spain*

A Eric, que trajo la plenitud a mi vida

Índice

Agradecimientos

Un sencillo agradecimiento a las numerosas personas que me han prestado su apoyo y aliento a lo largo de los años: Judy y Brian Robson, Alan Deller, Mike Pegg, Simon y Anita Wood, Andrea Burton, Colin Marshall, Elizabeth Gudonis, Stan Maklan, Jacqueline Smith, John Wyman, Jane y Eric Bischoff, June Sebley, Mia y François Touzin, Scott y Robin Gustlin, la familia O'Halleran, Brendan Barns, Santiago Zapata, Denise Bacci, Francesca Scarpa, Francesco Lorenzoni, Martin Gould, Larry Dumont, Sharon Bowler, CSA Consultants Worldwide, Amanda Mackenzie, Steve Hurst, Nick Duxbury, Cosimo Turroturro, Christina Wood, Mariam Mohamed, Sheldon y Trudy Wiseman, John O'Regan, Zar Nicholson, Sue Moore, Enrique Vessuri, Bill George, Georgie y Paul Johnson, Ellen Hallsworth, mi brillante editora en John Wiley & Sons, y, por supuesto, a Eric.

«A los ojos del sabio,
el momento es mejor que todo el mundo.»

Imad al-Hasain, poeta persa del siglo XVI

Introducción

¡Los clientes de por vida... no tienen precio!

La situación económica actual presenta un problema urgente. Pero nadie posee todas las respuestas. La recesión ha provocado una profunda fractura en cómo las organizaciones se relacionan con las personas a las que atienden, y ha reforzado en los clientes la sensación de falta de interés hacia ellos, en un momento en el que todos nos hemos vuelto más escépticos, y estamos enojados y angustiados. Usted, como líder empresarial, se enfrenta en estos momentos a una realidad comercial incontestable: la capacidad para desarrollar y conservar unas relaciones fructíferas con sus clientes, durante y después de la recesión, será el elemento clave para la supervivencia de su negocio. Es así como siempre se ha forjado el Valor Único, un valor que es difícil, por no decir imposible, copiar de un competidor. Las empresas que posean tanto la *visión* como la *determinación* de concentrarse en las relaciones con sus clientes para hacer de su empresa algo único lograrán dejar atrás los temores y la confusión de la recesión. Crearán Valor para siempre. Ésta debería ser su misión. De hecho, la misión de este libro es la de ayudarle a centrarse mejor en esta realidad y la de mostrarle el peligro de que usted no lo hiciera en estos momentos de tan frágil recuperación.

Estamos en una época en que los programas de fidelización se han convertido en un lugar común; una época en que la seguridad del liderazgo empresarial y la confianza en él se han evaporado, en la que los monopolios han dejado de existir, las alternativas para los clientes son inagotables, y en la que pensar que tenemos garantizado incluso un solo cliente es muy arriesgado. Vivimos una época en la que, gracias a la tecnología, el cliente tiene siempre el control, y la capacidad, a través del teclado de su ordenador, de castigarle e incluso poder llegar a destruir lo que usted lleva años construyendo.

A lo largo de los años, los clientes se han ido haciendo cada vez más escépticos acerca de la brecha que existe entre las promesas de las empresas y lo que cumplen en realidad. Hoy en día van incluso más allá de la desconfianza, y están convencidos de que las empresas (y los Gobiernos) les mienten. Estos tiempos difíciles han llegado a trastrocar lo que los clientes valoran, en quién depositan su confianza y cómo y qué quieren comprar, y han redoblado su voluntad punitiva. Decepcionados, agotados y con la sensación de haber perdido el control, buscan la estabilidad en sus relaciones comerciales y esperan que las empresas les sean fieles *a ellos*, que la amabilidad en el trato sea práctica común, y la sencillez y la velocidad sean la norma y no la excepción. Estamos entrando ahora en la época posterior a la recesión, lo que conlleva grandes retos y peligros. El reto más importante de todos es, por supuesto, la continuidad de su negocio. La expresión «la crisis es una oportunidad» no ha sido nunca tan cierta. Todas las empresas deberán analizar de forma integral el nivel de prioridad que otorgan a los clientes, y tendrán que introducir unos cambios ineludibles en su estrategia y su estructura para dar los siguientes pasos.

En primer lugar, usted tiene que *acercarse* a sus clientes para comprender lo que ellos necesitan *ahora*, no lo que necesitaban hace cinco años, o dos, o incluso el año pasado. Tiene que *afinar más* lo que está ofreciendo, tomando en consideración la información disponible actualmente, y no sus suposiciones ni datos históricos. Y, por último, debe prepararse para orientar de manera urgente, en esta época posterior a la recesión, toda su organización hacia la relación con el cliente y garantizar así su supervivencia en el tiempo.

El punto crucial que todas las empresas tienen que asumir es que en su negocio casi todo se puede copiar. Competir por precio no es difícil; todo el mundo puede hacerlo, hoy, mañana, incluso mientras usted está leyendo esta frase. Competir por un producto también es sencillo: hay gente en China o en la India esperando a desmontar las piezas de cualquier cosa innovadora para volver a montarlas de nuevo, más rápido, mejor y más barato. La única cosa que no se puede copiar es la relación que usted tiene con sus clientes. La interacción personal desarrollada

La capacidad para construir y conservar las relaciones con los clientes es la clave para la supervivencia de su negocio

a lo largo de días, semanas, meses y años es única e intransferible. Sencillamente, no se puede buscar en Google. Es sin duda en el seno de esas relaciones donde radica el Valor Único de su empresa. Esas relaciones resultan clave para el éxito sostenible de su negocio. Al igual que cualquier otro tipo de relación, la suya con sus clientes tiene que estar fundada sobre una *confianza ganada*. Piense en la relación más cercana e importante en su vida; probablemente se trate de la relación que tiene con su marido, su esposa, su compañero o su amante. Aquellos de ustedes que hayan pasado por la pérdida de la confianza en un matrimonio conocerán esta dura verdad: lo que hacía de esa relación personal algo especialmente valioso es difícil de recuperar. Muchas veces esa relación ya no se recuperará nunca más. Tras sufrir una experiencia similar en sus relaciones con las empresas por culpa de la recesión, los clientes que pierdan la confianza en usted le abandonarán más rápidamente de lo que se imagina. Lo más probable es que para volver a otorgarle su confianza le exijan un grado extraordinariamente elevado de transparencia, apertura, responsabilidad, sinceridad y rigor. Esta revolución es la revolución de los clientes, y la realidad de la época posterior a la recesión se caracteriza por la facilidad con la que se pueden alejar de usted, sin decirle jamás la razón, y en cambio explicarle *online* a otras diez mil personas por qué perdieron su confianza en usted.

Las relaciones con los clientes son particularmente importantes y valiosas porque son muy frágiles. Igual que sus relaciones personales, pueden requerir años de dedicación para echarlas a andar, desarrollarlas y reforzarlas. Y, sin embargo, de una día para otro, por una simple equivocación, una leve señal de que, en lugar de valorarlos, usted los ningunea, los relega o les miente, o *Usted no puede comprar una recomendación oral o la reputación* de que les promete por encima de sus posibilidades y les sirve por debajo de ellas, sus clientes pueden marcharse y no volver *jamás*.

Hace unos años, el *software* para la gestión de las relaciones con los clientes (CRM) fue aplaudido como un nuevo amanecer para las empresas, una herramienta para reforzar y conservar las relaciones comerciales importantes gracias a la recogida de información, en el convencimiento de que éste sería el camino para el perfeccionamiento del arte de la fidelización de clientes. Empresas de todo el mundo invirtieron miles y, en ocasiones, millones en la incorporación del *software* necesario para el seguimiento y la gestión de sus clientes. Visto en perspectiva, es difícil asegurar que todo esto conllevara un cambio en la percepción que los clientes tenían de las empresas con las que se relacionaban o en sus niveles de fidelidad. De hecho, es posible que fuera incluso perjudicial en ambos aspectos. El convencimiento de que se podía fomentar la fidelidad gracias a la recogida de información indujo a que los clientes fueran considerados como mercancías. Lo cierto es que las relaciones nunca son tan mecánicas; esto es precisamente lo que las hace terribles y maravillosas. No hay manera de eliminar el riesgo de esas relaciones mediante un *software*, y éste era en concreto el beneficio básico, aunque no declarado, que ofrecía el CRM. Lo único que usted puede hacer en realidad es insistir para que todos en su empresa sean verdaderamente conscientes de la importancia de las relaciones, comprendan con todas sus consecuencias cómo afectan a los resultados y trabajen para reforzarlas en todo momento, al margen del puesto que tenga en la organización. Mucha gente ha terminado por creer que todo se puede medir y cuantificar. Un Cliente de por Vida es algo tan valioso que realmente no tiene precio.

Yo llamo la revolución de las relaciones personales a este proceso de cambio que nos implica a todos, y al que todas las empresas deberán adaptarse si quieren sobrevivir. Esta revolución adoptará formas diferentes, y de ella surgirán nuevas maneras de hacer negocios y de considerar a los clientes. Uno de los aspectos más destacados de esta revolución es el poder exponencial para comunicarse, participar y colaborar del que disponen ahora los clientes. Se trata de herramientas muy potentes para premiarle o penalizarle a usted en función de su capacidad para cumplir sus compromisos.

Se ha escrito mucho acerca de cómo las nuevas redes sociales afectarán a la forma en la que se comercializan los productos. Pero no se ha escrito tanto acerca de las implicaciones que esto puede tener para la supervivencia de su negocio. En un mundo en el que los clientes están conectados y son capaces de agruparse en gran número en poco tiempo, se están constituyendo en realidad en un Sindicato de Clientes, con más influencia sobre el futuro comercial de una empresa de la que pudieran tener los sindicatos tradicionales. Todavía no llegamos a comprender todas las implicaciones que esto puede tener. Sin embargo, es probable que estos huidizos, efímeros pero ferozmente influyentes Sindicatos de Clientes pueden convertirse, en la época posterior a la recesión, en *el* factor determinante en el éxito o el fracaso comercial de los negocios. La información boca a oreja y la reputación son hoy en día mucho más importantes que la publicidad. El aspecto más temible y al mismo tiempo más estimulante de todo esto es que, a diferencia de la publicidad, el boca a oreja no se compra. En la agitada Revolución de las Relaciones usted no podrá pagar unos honorarios astronómicos a una agencia para que genere y gestione su reputación en su lugar. Usted debe trabajársela día a día en cada contacto.

Cuando se pregunta a la gente en quién confía más a la hora de recomendarle un producto o un servicio, la respuesta es una y otra vez la misma: «En alguien como yo».[1] No en usted como líder de su empresa, ni en su equipo de marketing ni en su agencia de publicidad. Confían en sus vecinos, sus familiares, sus compañeros de trabajo, u otros componentes de su comunidad digital; en definitiva, confían en los demás miembros de su Sindicato de Clientes. Sus clientes quieren que usted les cuente la verdad, que cumpla sus compromisos, quieren que contribuya a hacer sus vidas más simples y no más complicadas, esperan recibir los servicios y la información a la velocidad de la *vida*, de sus vidas, y que éstas sean más fáciles gracias a los productos y servicios que usted ofrece. Quieren a alguien que les diga «lo siento» de todo corazón cuando algo no ha salido bien.

Las relaciones con los clientes no son las únicas que

---

1. Edelman Trust Barometer, 2006.

21

importan en una empresa. En realidad, las relaciones están en el centro de todo lo que realmente cuenta en las actividades comerciales. Las que se mantienen con los clientes quizá representen la condición sine qua non, de vida o muerte, pero existen muchas otras con una enorme relevancia comercial. Se trata de las relaciones con los compañeros, los colaboradores, inversores, competidores, los medios de comunicación y, en ocasiones, con el Gobierno. El éxito o fracaso que usted tenga en estas relaciones estará condicionado, al igual que en todas las otras, por el nivel de confianza generado y sostenido, y tendrá una influencia palpable sobre su capacidad para atraer y retener a los clientes y para crear Valor Único en su empresa.

La cultura corporativa está regida hoy en día por una especie de «contagio emocional». Si todos en una empresa actúan en función de una ética, de unos valores y de los clientes, esto se infiltrará hasta el mismo corazón de la actividad de toda la organización. Lo contrario también es cierto: si los empleados no asimilan el tipo de confianza y seguridad imprescindibles en unas relaciones comerciales significativas, si los medios de comunicación y sus inversores desconfían de su manera de actuar, será muy difícil que los clientes lo perciban de otra forma. La

En la etapa posterior a la recesión, lo realmente importante es el enfoque

ética no se puede atribuir exclusivamente a un departamento o a un directivo; está en los cimientos de cualquier negocio responsable y, por lo tanto, forma parte de las atribuciones de todos y cada uno de los empleados. El tamaño nunca ha sido menos importante. En la etapa posterior a la recesión, lo realmente importante es el *enfoque*. En los capítulos siguientes señalaré lo que no funcionó en las relaciones de las empresas con sus clientes y lo que representa el Valor Único hoy en día. Me gustaría ayudarle a hacerse una idea de cómo es este tipo de revolución, qué implica para usted y cómo contribuirá al crecimiento, al éxito y a la supervivencia de su negocio. Con este libro quisiera aportarle una *visión* acerca del futuro de las relaciones comerciales y, por último, insuflarle el *coraje* que necesita ahora para lograrlo; para vivir en su empresa cada día la revolución de las relaciones personales.

Mi forma de entender el papel que las relaciones con los clientes tienen en el éxito o el fracaso empresarial constituye la base de mi reputación global. He viajado a más de sesenta países y dado más de quinientas conferencias en los últimos doce años. Mi impresión es que tengo el mejor trabajo del mundo. He llegado a la conclusión de que este aspecto de la actividad comercial va más allá de las diferencias culturales o industriales y que está en la base de todos los negocios en cualquier industria, en todo el mundo: las relaciones son una verdad universal. Con anterioridad fui miembro del equipo de alta dirección de British Airways y de la empresa de programas de fidelización Airmiles, y trabajé en Londres y Nueva York. En British Airways, participé en la creación y la gestión del que se ha considerado uno de los programas de formación corporativa de más éxito de Europa, llamado Winning for Customers, en el que participaron más de cincuenta y cinco mil empleados de British Airways. Cada día, a lo largo de un periodo de tres años, pilotos, cocineros, técnicos informáticos, gestores de recursos humanos, ingenieros y directivos de la empresa se reunían en grupos multifuncionales de cien personas. Nuestro objetivo era que asimilaran mejor el hecho de que los clientes estaban en la base del éxito y la rentabilidad de British Airways; que conquistar la fidelidad de los clientes era una responsabilidad de todos, y que para ser fieles a nuestro reconocimiento como «la línea aérea preferida del mundo» —¡lo cual en aquel momento era verdad!—, todos teníamos que asumir la responsabilidad de vivir de acuerdo con esos valores cada día. En Airmiles fui director de atención al cliente y, más tarde, director de personas y cultura. Fui el primero en Europa en tener esa función y ese cargo, que se creó porque la empresa comprendió que a la hora de transmitir prioridades debía centrarse tanto en las relaciones internas *como* en las externas, y que su éxito dependía de que ambas funcionaran correctamente.

Existe una urgencia evidente en la situación económica.

He sido testigo directo de los beneficios que comporta asimilar correctamente la trascendencia de las relaciones y de que éstas funcionen. Siempre fueron importantes, pero hoy lo son más que nunca. Existe una urgencia tan evidente en la situación económica que la simplicidad de la cuestión resulta atractiva. La importancia del tema es indiscutible. Lo único que se requiere es actuar.

Parafraseando a Bill Clinton, «se trata del cliente, estúpido». Como dijo una vez el legendario publicista David Ogilvy: «La consumidora no es una imbécil. ¡Es tu mujer! ¡No la engañes ni insultes su inteligencia!»

La mejor inversión que usted puede hacer es alcanzar esa cercanía con su cliente. Es así como se crea y se mantiene el Valor Único de su empresa. Éste es el cimiento de su éxito comercial, o de su fracaso. Únase a la revolución. Ha llegado el momento.

1

En busca del Valor Único

Hoy en día, todo el mundo busca valor. ¡*Todo el mundo!* Ésta es la verdad más clara, más dura y más exigente en esta era posterior a la recesión que estamos viviendo. Algunos compradores van a Wal-Mart o a McDonald's por primera vez en su vida. Otros pasan de viajar en avión privado a ir en primera clase, o de primera a *business*, o de *business* a turista. Otros han decidido dejar de viajar. La prioridad en la mente del consumidor es ese valor, que se sitúa justo en el extremo final de toda la cadena. Cada decisión, cada compra se realiza con esta prioridad. Esto no significa simplemente que la gente esté gastando menos. Es cierto que muchos están haciéndolo, pero lo que casi todo el mundo busca es conseguir más por menos. En esta confusa resaca de la recesión, cuando la gente se gasta el dinero, quiere tener la sensación de que lo hace a cambio de un valor. El éxito o fracaso de cada empresa, en estos momentos críticos, depende de asumir esta noción de valor como no se había hecho hasta ahora. La esperanza no constituye una estrategia. De modo que será mejor que tenga trazado un plan.

Sin embargo, no debería caer en la trampa de confundir valor con precio. Hacerlo sería estratégicamente equivalente a meterse en un callejón sin salida. Cualquiera podrá mejorar su precio en un momento u otro. El precio es un factor demasiado simple como para constituir la pauta del éxito o del fracaso. Vivimos en un mundo hiperglobalizado, un mundo en el que el trabajo y la propiedad intelectual parecen moverse a la velocidad de la luz. Siempre hay y siempre habrá alguien ahí fuera capaz de hacer más o menos lo mismo que usted, pero más barato. La fabricación, y ahora también los servicios, se mueven sin límite de un lugar a otro, instalándose en un lugar más barato para abandonarlo otra vez cuando su presencia allí se haya encarecido. Las guerras de precios no tienen fin y suelen ser sangrientas. Una vez que se entra en la vorágine de competir exclusivamente por precio, debe tener la certeza de que no le quedará ninguna posibilidad de ganar. Lo más probable es que acabe siendo un enorme perdedor. Si lo apuesta todo al precio, acabará convirtiéndose rápidamente en algo genérico. El resultado al final será que habrá perdido su capacidad para imponer sus precios porque usted no estará liderando el proceso, sino acomodándose a él. ¿Cuáles son las consecuencias a largo plazo de esto? ¿Cuál será el valor a largo plazo de su empresa? Sea sincero con usted mismo: ¿cuánto falta para que esto le ocurra? ¿Cómo puede evitarlo?

La esperanza no constituye una estrategia

El precio no es la única trampa que la presión de la recesión puede haberle planteado. Seguro que todos los lectores de este libro se han centrado en recortar costes, incluso en reducir personal, como consecuencia de la recesión. Es probable que usted se haya dedicado a analizar todos sus gastos y a cuestionarse de una manera fría y dura si eran realmente necesarios y cuál sería el impacto de prescindir de ellos. Su presupuesto para el año pasado con toda probabilidad llevaba una línea claramente descendente. Sin embargo, existe un problema añadido relacionado con la reducción de costes, más allá del de acabar siendo un genérico. ¿Cómo reducir costes sin llegar al suicidio? Las exigencias de sus clientes no están disminuyendo, más bien están creciendo como resultado de la recesión. Recortar y quedarse sentados sin moverse no representa una salida fácil.

Por favor, tampoco crea que el disponer de un producto superior le otorga suficiente valor como para estar a salvo. Desde el punto de vista de la ventaja competitiva, disponer de unos buenos productos no es tan letalmente débil como competir por precio, pero también se pueden copiar. Si usted se plantea depositar su confianza en sus productos a costa del precio y de las relaciones, lo más probable es que vea su enorme esfuerzo desperdiciado y su ventaja exclusiva desvanecida en cuestión de meses, si no de semanas. El mercado global está atestado de empresas hundidas, víctimas de la «ventaja del seguidor». Las empresas que confiaron excesivamente en sus productos y que obviaron que había otras capaces de aprovecharse de su investigación y desarrollo sin asumir los costes nunca han conseguido recuperarse. Fíjese en

Atari. Fueron los primeros que comercializaron máquinas para jugar. Sin perder ni un minuto, les siguió Nintendo. Hoy, décadas después, Nintendo ha logrado con su consola inalámbrica Wii dominar y configurar la realidad de los juegos por ordenador. ¿Quién tiene una Atari hoy? Resulta fácil ganar en el corto plazo con un producto realmente excepcional. Los mejores productos son capaces de crear nuevos mercados o nuevas dinámicas en los ya existentes. Pero tan pronto como llegan al mercado, pueden ser, o seguro que serán, imitados. No existe ninguna empresa de éxito que sea capaz de competir exclusivamente gracias a sus productos.

Competir exclusivamente por precio, coste o producto en la era posterior a la recesión es como construir una casa sobre arena. Lo que de verdad diferencia a las empresas que han tenido éxito en el pasado reciente —una tendencia que no hará más que intensificarse en un futuro que se presenta aún más complicado— es que poseen el auténtico tesoro comercial: un Valor Único. Se trata de un valor que un competidor no podrá copiar o imitar tan fácilmente, o que incluso no lo logrará nunca. Este Valor Único reside en la relación recíproca que usted tiene con sus clientes. Estas relaciones, los contactos personales, de tú a tú, que la gente mantiene con su empresa, establecidos a lo largo del tiempo y basados en la confianza, tienen una influencia determinante sobre la fidelidad de marca y, en definitiva, sobre sus resultados económicos. Estas relaciones no se conquistan en una noche. Se mantienen a lo largo de periodos prolongados de tiempo. Van mucho más allá de cualquier tarjeta de cliente o de cualquier programa de fidelización que, como ya he comentado, se han transformado en acciones genéricas. En una economía de servicios, lo único que usted puede pretender hacer mejor que los demás es mantener unas relaciones de tú a tú duraderas. Estas relaciones serán el factor determinante de su éxito en la época posterior a la recesión. No se limitan sólo a crear Valor Único, crean Valor de por Vida. Ésta es la premisa principal de este libro.

El Valor Único no es fácilmente cuantificable, pero tiene que comprenderse. Consiste en conocer, y no simplemente en intuir, lo que sus clientes quieren y ofrecérselo mejor incluso de lo que ellos esperaban. La misión de este libro es ayudarle a identificar el Valor Único de su empresa.

Le propongo un experimento mental interesante que ilustra bastante bien la importancia del Valor Único y dónde radica. Si a usted mañana le atropellara un autobús, Dios no lo quiera, sabría con toda probabilidad a quién le afectaría más: a su pareja, sus amigos, sus padres, sus hijos, sus vecinos. En lo que afecta a sus relaciones personales, esto resulta bastante fácil. Pero ¿qué ocurriría si fuera a su empresa a la que atropellara ese mismo autobús? Imagínese que su negocio desapareciera de un día para otro. Muchas lo han hecho estos años, y muchas más lo harán en el futuro. ¿Quién asistiría al funeral de esta empresa suya? ¿Sus clientes, sus proveedores, sus competidores? ¿Por qué estarían allí?

¿Quién asistiría al funeral de su empresa?

La premisa de este libro es que el éxito de una empresa se fundamenta sobre unas relaciones que son tan profundas y requieren de tanto esfuerzo como las de su vida personal. Se trataría de una versión empresarial de la película *¡Qué bello es vivir!* ¿Sentirían sinceramente sus clientes que usted es irreemplazable en sus vidas? ¿Sentirían sus proveedores que han perdido una empresa con la que daba gusto tratar? ¿Pensarían sus empleados que no sólo han perdido un trabajo, sino también la oportunidad de formar parte de algo especial, algo que marcaba una diferencia? ¿Lamentarían los medios de comunicación la desaparición de una empresa que daba un toque un poco más especial o atractivo a su sector? Reflexione sobre esto; pregunte a los que tiene a su alrededor. Una vez que haya conseguido identificar al grupo de personas a los que realmente les dolería la desaparición de su empresa y sus razones, ya conocerá el quid que convierte en especial lo que usted hace: su Valor Único, y las relaciones que lo hacen posible. Cuando haya visualizado este Valor Único, aférrese a él y consérvelo. Ese valor es el motor de la revolución.

Llegados a este punto, sería conveniente detenerse brevemente para reflexionar con un poco más de profundidad sobre esta escurridiza noción: *¿qué quieren los clientes?* Mi contacto con audiencias empresariales de todo el mundo me ha dado la oportunidad de conocer los matices en las expectativas de los clientes a muchos niveles y en muchas culturas diferentes. Me dedico a impartir conferencias para profesionales del sector público y privado, del máximo nivel tanto en lo que se refiere al éxito comercial como a la jerarquía gubernamental, y tal como dije con anterioridad, en este libro podemos sustituir la palabra ciudadano por la de cliente indistintamente. Como conferenciante, mi objetivo es compartir las coordenadas de mi radar personal y describir las tendencias que ya están en marcha, señalando el posible impacto que pudieran tener en sus empresas y en sus carreras profesionales.

En el mundo de hoy, con unas comunicaciones cada vez más rápidas, unas jornadas laborales cada vez más largas, una capacidad de elección sin precedentes y unas expectativas también aparentemente infinitas, una cosa está clara como el agua, en mi opinión: todo el mundo quiere simplificar su vida. En cada una de las conferencia que doy hay siempre un determinado momento participativo que demuestra este punto a la perfección. Pido a la audiencia, ya sea de cien o de mil personas, que levante la mano si está de acuerdo con la siguiente afirmación. La afirmación es: «Desearía que mi vida fuera más complicada». Le puedo asegurar que ninguna persona entre el público ha levantado nunca la mano para decir que estaba de acuerdo. Si usted reuniera a un grupo de sus mejores clientes y les planteara la misma cuestión, le auguro que nadie levantaría la mano. En estos momentos, en esta época, su mantra debería ser: *que sea sencillo*. Nunca más en toda su carrera vuelva a introducir una propuesta de servicio comercial que complique la vida ni siquiera de uno de sus clientes. La innovación no tiene nada que ver con la complejidad; se trata de ofrecer a los clientes exactamente lo que desean: una vida menos complicada.

Todo el mundo quiere simplificar su vida

Si la simplicidad encabeza la lista de deseos de sus clientes, justo debajo se encuentra la velocidad. Los clientes quieren sus productos no a la velocidad de la *luz*, sino a la velocidad de sus *vidas*, en función de lo que quieren como individuos. Plantéeselo de esta forma: si está leyendo este libro, lo más probable es que usted pertenezca a una generación que es capaz de recordar lo que representó utilizar por primera vez un ordenador. Si echa la vista atrás, es posible que recuerde lo que era armarse de paciencia mientras el disco, o incluso la cinta, que disponía de un programa básico, tardaba horas en cargarse en su máquina. Si avanza un poco en el tiempo, quizá se acuerde de su primera conexión a Internet. Tenía que esperar varios minutos hasta que se realizara la conexión telefónica, y algunos minutos más cada vez que deseaba navegar por diferentes páginas. Hoy en día, en un mundo con banda ancha y sin cables, en el que la información se desplaza a la velocidad de la luz, vivimos en una época en la que todo lo que está conectado es inmediato. La vida moderna se está haciendo cada vez más y más rápida. Igual que usted, sus clientes buscan productos y servicios que les den *ahora* lo que desean.

Identificar el Valor Único es su misión: determinar dónde se encuentra, hacerlo crecer, cuidarlo, protegerlo, mantenerlo y contribuir a que todos los que trabajan con y para usted se centren en él. Debe construir un Objetivo Común sobre ese valor, con unos productos y servicios basados en la simplicidad, la velocidad, la agilidad, la transparencia y la sinceridad. Desarrollar un valor de marca basado en prometer poco y en dar mucho, y en la amabilidad cotidiana. Y unas relaciones que no se limiten a ser encuentros fortuitos, sino que se enriquezcan con el tiempo; unas relaciones en las que la confianza crezca, se conquiste y se mantenga, y que ofrezcan un Valor Único, un Valor de por Vida.

Tomemos como ejemplo una empresa que ha desarrollado y mantenido un Valor Único a través de sus relaciones mejor que cualquier otra en nuestra época: Apple. Desde un principio consiguió una cosa destacable: que todos aquellos que poseían un ordenador Apple se sintieran diferentes y especiales, un poco mejores. Ha logrado que todos, estén donde estén y sean quienes sean, sientan que tienen una relación directa y potente con la empresa y su marca. Apple compite en parte sobre la base de sus productos: es una empresa tremendamente innovadora, asume riesgos y desarrolla las aplicaciones de importantes innovaciones tecnológicas más bellas, fáciles de usar y deseables. Apple jamás compite por el precio. Sabe que ha conquistado un lugar en el mercado desde el que es capaz de determinar el precio para cada nuevo producto. Sus competidores pueden intentar tomar la delantera, seguirla o socavarla. Lo atractivo de Apple es que no le importa. La relación de Apple con sus clientes le permite actuar de esta forma en el mercado. Sus objetos, bellos y de vanguardia, confieren estatus a sus dueños y logran hacerles la vida mejor, más sencilla y más rápida. En la actualidad, la gente confía implícitamente en que Apple seguirá haciendo todo esto. En 2008, la revista *Fortune* señaló a Apple como la empresa más admirada en Estados Unidos, y en 2009 se convirtió en la empresa más admirada en todo el mundo. Apple tiene la reputación de poseer la mayor fidelidad de marca y de compra de todo el sector informático. Esta admiración y esta devoción de sus clientes es el Valor Único de Apple.

Cada año, miles de *bloggueros*, periodistas y fanáticos de la tecnología se reúnen en el Moscone Center de San Francisco, California, para escuchar las últimas declaraciones de Steve Jobs. Esta gente sigue cada una de sus palabras con la respiración contenida; están ansiosos por conocer lo que Apple tiene que contarles. Periodistas de todo el mundo reservan portadas ante el lanzamiento de un nuevo producto de la marca, un acontecimiento que invariablemente está rodeado del mayor de los secretos. Los lanzamientos de Apple están planeados con gran meticulosidad, el producto está técnicamente listo, por lo general ya ha sido distribuido en las tiendas de todo el mundo, y la puesta en escena es teatral, sobre todo cuando Jobs pronuncia las palabras mágicas: «Y sólo una cosa más...», un momento que los periodistas han bautizado con humor como la «Stevenote». La gente acude en masa a estos eventos en parte porque creen que los nuevos productos de Apple guiarán el futuro del mundo tecnológico durante muchos años. Pero hay algo más. Sienten que estando allí, viendo a Steve Jobs con su jersey de cuello alto y sus pantalones vaqueros, sosteniendo el nuevo producto «imprescindible», están estableciendo y renovando su relación única y especial con la empresa.

Por supuesto, la historia de Apple como creadora de un Valor Único se retrotrae a los días del lanzamiento del Macintosh, y el escandaloso anuncio «1984» en mitad de la Superbowl, el no va más anual del fútbol americano en Estados Unidos. Apple siempre se ha percibido a sí misma y ha desarrollado sus relaciones con sus clientes sobre la base de ser una empresa innovadora y sorprendente. Como es sabido, los ordenadores Apple atraen a un tipo especial de usuarios: educados, elitistas y creativos. Es la marca escogida por diseñadores y por todos aquellos que aprecian no sólo lo que un ordenador hace, sino también su apariencia. Sus usuarios son perfeccionistas. Quieren lo mejor. Como empresa, Apple ha sido muy hábil al crear y reforzar el círculo virtuoso del Valor Único a través de las relaciones con los clientes.

Recientemente, sin embargo, el lanzamiento con un éxito indiscutible de las tiendas Apple en todo el mundo ha puesto de manifiesto, quizá mejor que nunca, la aptitud de Apple para crear, desarrollar y mantener un Valor Único mediante las relaciones. Las inauguraciones de las tiendas Apple, igual que los lanzamientos de sus productos, son tan esperados que los fieles seguidores de la empresa que asisten a ellas les confieren un aire de peregrinación. Cuando se abrió la tienda de Apple Cube (cubo) en la Quinta Avenida de Nueva York, la cola se extendía a lo largo de casi un kilómetro. Antes de la inauguración del local situado en el distrito de Ginza, en Tokio, la gente cubría ocho manzanas de casas. Éste es el tipo de relación con los clientes con el que sueñan casi todas las empresas del mundo.

Cuando Apple decidió abrir tiendas propias, se trató de una decisión comercial muy discutida. Generalmente se suponía que el sector minorista estaba en decadencia, que Internet estaba creciendo a pasos agigantados y que el esplendor de las zonas comerciales era una cosa del pasado. Entonces, ¿qué llevó a Apple a ir en contra de esta tendencia? Sencillamente, el hecho de que cada tienda como experiencia estaba pensada a partir del Valor Único que ofrece Apple, empleando precisamente esos espacios físicos para desarrollar las relaciones con los clientes. La mayoría de las tiendas de ordenadores son lugares grises y aburridos. Son sitios en los que los clientes respiran hondo antes de entrar, adquieren lo que necesitan y se marchan tan rápido como pueden. Las tiendas de Apple son totalmente diferentes. Son luminosas, blancas y acogedoras, y transmiten la impresión de ser una visión amable de la ciencia ficción del futuro. Se puede jugar y tocar todos los productos expuestos sin límite de tiempo. Quizás el mayor toque genial de Apple ha sido la «barra de los genios». En cada tienda, unos expertos ayudan a los usuarios a resolver sus problemas técnicos. Lo hacen sin cobrar por el servicio, y sin tratar aparentemente de vender nada en el proceso. Ofrecer todo esto gratis puede parecer chocante. Sin embargo, Apple ha entendido con inteligencia que así establecen una relación de confianza, de amistad, de colaboración, sencillamente de Valor Único, que genera en el usuario la sensación de que Apple es algo especial y deseable, algo que hace la vida mejor y más sencilla.

La forma que tiene Apple de entender el Valor de por Vida se extiende mucho más allá de los productos informáticos. Lo que convirtió el iPod en un éxito extraordinario fue el hecho de que daba a los consumidores precisamente lo que deseaban antes incluso de que ellos mismos lo supieran. Por descontado que ya existían reproductores MP3 en el mercado, y muchos otros estaban en desarrollo antes de que Apple lanzara su iPod. Lo que hizo del iPod algo diferente y deseable fue que los reproductores que había en el mercado tendían a ser negros, de aspecto aparatoso y poco atractivo para todos, menos para los fanáticos de la música y la tecnología. Los *focus groups* no indicaban necesariamente que la gente quisiera disfrutar de las ventajas de los MP3 —disponer de todas sus recopilaciones musicales, y que fueran portátiles e instantáneas— en una presentación más bonita y fácil de usar. Lo que hizo Apple fue ofrecérselo antes incluso de que supieran que lo querían. Por añadidura, el iPod llegó al mercado en un momento en el que la gente no tenía claro cómo descargarse música *online* de forma legal. Al desarrollar iTunes, Apple fue capaz de aprovecharse de esto. iTunes ofrecía «Valor de por Vida» porque hacía el producto más fácil de usar, más rápido, más simple y menos complicado. No sólo se podía desplazar uno con toda su música por primera vez. No sólo se conseguía quedar como una persona moderna y abierta al diseño. Se podía también disponer de cualquier tipo de música, actual o antigua, perfectamente compatible con el iPod, en cuestión de segundos. Esto es auténtico «Valor de por Vida». Los iPods, y más tarde los iPhones, son productos que resultan caros para la mayoría de los consumidores. Pero esto no ha sido nunca un problema. Su valor no está en función de su precio, sino del valor que ofrecen, de su belleza, su empaquetado icónico y el aire moderno que confiere a sus usuarios, y de la relación que Apple mantiene gracias a su imagen y a su servicio. Apple comprende implícitamente que el Valor Único es un objetivo dinámico y que el valor que crea mediante sus contactos de tú a tú exige un esfuerzo enorme. Lo que ha logrado, con gran éxito, es crear y redefinir el Valor de por Vida para toda una nueva generación.

Volvamos por un momento al concepto de Valor Único definido en función de la simplicidad y la velocidad. En la última década, una empresa ha sido capaz de transformar de una manera única estas dos aspiraciones en la vida de los consumidores, y esa compañía es, por supuesto, Google. Curiosamente, usted ni tan siquiera paga por el servicio de Google, al menos no de una manera directa, pero su valor para los usuarios es enorme porque les ofrece lo más preciado: cualquier tipo de información que deseen, cuando lo deseen, en un formato sencillo y a gran velocidad. Esto no tiene precio.

Hace una generación hubiera resultado impensable que usted pudiera dejar de leer este libro por un momento, tecleara una o dos palabras en su ordenador y dispusiera, en menos de un segundo o dos, de lo que quería saber sobre cualquier tema que se pudiera plantear. Trate ahora por un momento de imaginarse qué sucedería si Google dejara de existir. Es cierto que hay otros motores de búsqueda, pero seguramente usted no tendrá una relación tan fuerte con ellos como la que tiene con Google; parecen menos dignos de confianza, menos simples, rápidos o fiables. Si usted está leyendo este libro en Europa, existe un 90 por ciento de posibilidades de que emplee Google para casi todas sus búsquedas *online*. ¿Cómo haría su trabajo sin Google? ¿Cómo haría las reservas para sus próximas vacaciones? ¿Cómo podrá saber si hay algún buen restaurante en la zona? ¿Cómo estudiarían sus hijos o harían sus deberes? El mundo sin Google parecería claramente un lugar mucho más confuso y menos navegable.

Google define su Valor Único de una forma muy sencilla como «buscar». Este fuerte anclaje en torno a su definición es lo que permite a Google expandirse sin límites y con enorme facilidad, al tiempo que mantiene unas relaciones de tú a tú con sus clientes en todos los continentes. Paradójicamente, la visión genial de Google partió de la capacidad muy superior a la de sus competidores para entender las relaciones. No se trataba de las relaciones con sus clientes —al menos no en ese momento de su historia—, sino de las relaciones entre diferentes sitios web, utilizándolas como un método más fiable para clasificar las páginas en una búsqueda que el que se empleaba hasta entonces, que simplemente se limitaba a contar el número de veces que la palabra aparecía en cada página. Esto fue una auténtica Revolución de las Relaciones. Lo que realmente atrajo al primer grupo de usuarios de Google, y lo que fue conquistando a muchos otros gracias al boca oreja, fue precisamente su simplicidad; mientras otros buscadores le inundaban con cualquier cosa, desde la información del tiempo hasta los cotilleos rosas, Google era —y todavía puede ser— sencillamente una página en blanco con un recuadro en el que usted puede teclear su pregunta y esperar unas milésimas de segundo hasta que aparezcan sus respuestas en otra sencilla página. Esto es Valor Único. Esto es Valor de por Vida.

Al tiempo que Google iba ampliando su oferta de servicios y productos, manteniendo siempre en el centro de todo la sencilla idea de la búsqueda, ha sido capaz de mantener y expandir sus relaciones con sus clientes. Google Earth ha cartografiado más o menos todo el planeta, pero lo ha planteado a partir de la capacidad de buscar. De igual forma, lo que hace tan atractivo para la mayoría de sus usuarios el Googlemail es su disposición de búsqueda y su fácil manejo. Google Page View pretende lograr que el mundo de los textos impresos sea tan simple y localizable como lo consiguió con la web. El éxito de Google reside en que cada una de estas aportaciones consigue que nuestras vidas, como clientes de Google, sean un poco más sencillas de organizar. Quizá tenga usted la impresión de que el mundo es demasiado complejo, de que existen demasiadas opciones y un exceso de información. Google lo elimina y le lleva, normalmente, hasta lo que usted desea encontrar. En una entrevista publicada en la edición británica de la revista *Wired* en 2009, Eric Schmidt, el director general de Google, lo expresaba claramente:

El primer interrogante es: ¿piensa usted que las búsquedas son ya un problema resuelto? Nosotros creemos que no. Pensamos que hay muchas, muchas cosas que se pueden hacer para mejorar las búsquedas. Seguro que le gustaría ser capaz de plantearle a Google preguntas como «¿Qué haré mañana?» o «¿Dónde están las llaves de mi coche?» Todavía estamos simplemente empezando a responder a las preguntas verdaderamente difíciles... Hay problemas muy, muy importantes, y la búsqueda es la forma de aproximarse a ellos.

Ésta es una concepción realmente envidiable del Valor Único de su empresa y de las posibilidades que ésta abre a sus clientes.

Por descontado, sus búsquedas no contribuyen directamente a los ingresos de Google, el 99 por ciento de los cuales se generan a través de la publicidad. Y, sin embargo, Google hace lo mismo por los anunciantes. Con tantos consumidores en el mercado y con tanto dinero malgastado en publicidad, Google consigue que los anunciantes ofrezcan sus productos a la gente que ya ha manifestado un interés. Google ha alcanzado un control nunca visto de la web, proporcionando el mismo tipo de Valor Único a ambos extremos de la cadena de valor.

Resulta interesante que estas dos empresas, Apple y Google, tengan unos orígenes tan similares, aunque con unas décadas de diferencia. Las dos empresas fueron impulsadas por personas entusiastas que disponían de pocos recursos. Steve Jobs, en Apple, y Larry Page y Sergey Brin, en Google, arrancaron con unos medios escasos, y desarrollaron sus productos movidos por su voluntad tanto, si no más, que por la búsqueda de un beneficio comercial. Como ellos mismos deseaban profundamente esos productos, eran capaces de comprender por qué sus clientes también los querrían, de ver con enorme claridad dónde radicaba su Valor Único, y de poner una enorme fe para ser capaces de proporcionarlo. Por descontado que no es tan simple. Si Apple y Google no hubieran sabido conservar ese Valor Único a lo largo de años, incluso de décadas; si no se hubieran rodeado de personas que como ellos eran capaces de reconocer su Valor Único y de creer en él, estarían todavía a años luz de ser las empresas admiradas en las que se han convertido.

¿Sería usted capaz de ofrecer una definición tan clara, provocadora y ambiciosa de su Valor Único como la que proporciona Eric Schmidt en el párrafo citado acerca de Google? ¿Comprende usted y la gente que trabaja con usted y para usted el Valor Único de su empresa de una forma tan retadora y fantástica? ¿Sabe realmente cómo proporcionar ese Valor Único? ¿Cómo protegerlo? ¿Cómo fomentarlo? ¿Cómo mantenerlo? Las relaciones son muy frágiles. No son como un genérico. Son únicas.

¿Es usted capaz de ofrecer una definición clara, provocadora y ambiciosa del Valor Único de su negocio?

Para su negocio, son primordialmente valiosas.

Hoy en día, más que nunca, resulta muy peligroso no reconocer el Valor Único que usted crea a través de las relaciones. En la época posterior a la recesión, los clientes están exigiendo valor en cada intercambio. Picasso dijo una vez que «los malos artistas copian, los grandes roban». Le invito con toda confianza a robar ideas de este libro y a compartirlas con sus compañeros para ayudarles a dirigir la totalidad de su empresa hacia el desarrollo de unas relaciones con sus clientes que duren toda la vida, creando así un Valor Único, un Valor de por Vida.

2

La pérdida de la confianza
y de la seguridad

El viernes, 14 de febrero de 2007, se formaron largas colas en las calles céntricas del Reino Unido. El especialista de la sección de negocios de la BBC, Robert Peston, había anunciado la tarde anterior que Northern Rock, un banco comercial conocido por la alta remuneración que ofrecía en las cuentas de ahorro y por sus ventajosas condiciones hipotecarias, había solicitado ayuda al Banco de Inglaterra para mantener su liquidez después de haber sufrido problemas en los mercados crediticios. Los pequeños ahorradores empezaron a sospechar, no sin razón, que el banco, con sede en Newcastle, tenía problemas. Muchos temían que sus ahorros se evaporarían si el banco se hundía y quedaba en manos del Estado.

Así que decidieron ponerse en la cola. Mucha gente comenzó a concentrarse a las puertas de las oficinas del banco. A medida que otras personas empezaron a ver la situación, se provocó un efecto dominó: si esa gente parecía tan nerviosa, ¿no debería yo también hacer algo al respecto si tengo mis depósitos en Northern Rock? Para el fin de semana se habían formado largas y ordenadas filas en torno a las oficinas del banco, desde Cardiff a Cambridge, desde Glasgow a Golders Green. El domingo las oficinas bancarias permanecieron abiertas para responder a la avalancha. La gente que esperaba paciente pero nerviosa para sacar todo el dinero que pudiera no tenía por costumbre salir a la calle con ánimo reivindicativo o defensivo. Muchos tenían más de cincuenta años, iban vestidos con chaqueta y llevaban buenos zapatos. Pero el malestar era palpable. En muchos casos tenían la mayor parte de los ahorros de toda una vida en el banco. Hasta el lunes, 17, cuando el Gobierno amplió el margen de garantía de los depósitos y tomó más medidas para asegurar la viabilidad del banco, las colas no empezaron a disolverse.

Toda esta gente había estado convencida durante años, sin embargo, que una crisis de pánico en un banco era algo prácticamente imposible. Lo más parecido a esta situación que habían podido ver era en la película *Mary Poppins*, cuando la resistencia de Michael a dar sus dos peniques al señor Dawes, el jefe de su padre, provoca una crisis parecida en la confianza de los clientes. De hecho, el sistema bancario británico no había sido testigo de un pánico similar en ciento cincuenta años. A la gente le habían explicado una y otra vez que este tipo de situaciones era algo del pasado, reliquias de épocas precarias, que habían quedado abolidas gracias a la sofisticación y seguridad del moderno sistema bancario. Y, en términos generales, la mayoría había confiado en esta afirmación.

La confianza y la seguridad, que son la esencia de las relaciones comerciales, son básicamente intangibles y no es frecuente que seamos testigos de lo que sucede cuando fallan. Lo que sucedió ese fin de semana es un ejemplo palpable de la ruptura de esas relaciones y de las consecuencias que ello acarrea. Las colas a las puertas de las oficinas del Northern Rock siguen siendo uno de los símbolos más claros del lado humano de lo que acabó siendo una recesión global.

Esa gente se sentía personalmente traicionada. Eran ellos quienes habían otorgado una mayor confianza al sistema bancario. Habían trabajado duro, habían ahorrado, y habían jugado limpio para poder disponer de un buen dinero depositado en el banco para su jubilación, o para la educación de sus hijos o nietos. Pero Northern Rock no había cumplido su parte del trato, haciendo inversiones arriesgadas en el mercado de hipotecas *subprime* de Estados Unidos, manteniendo una dependencia exagerada de los mercados de crédito y adoptando una actitud arrogante ante el riesgo que asumían, mientras sus directivos se beneficiaban de una forma inimaginable.

Casi un año más tarde, cuando Lehman Brothers se declaró en bancarrota en 2008, fue la primera víctima global de la recesión. La confianza y seguridad que la gente de la calle depositaba en el sistema bancario tocó fondo. Siempre se había dicho, una y otra vez, que un banco del tamaño de Lehman Brothers era «demasiado grande para quebrar», y era imposible que sucediera una cosa así. Pero ocurrió. La agresiva política expansiva del ban-

> *La confianza y la seguridad de la gente de la calle había tocado fondo*

co mediante precarias inversiones ligadas a propiedades inmobiliarias le llevó a un punto de no retorno. Tuvo que asumir enormes pérdidas. Empleados fieles perdieron sus empleos en todo el mundo. El dólar se desplomó en relación con el euro y el yen. Mientras el banco perdía millones de dólares de los inversores, su consejero delegado, Richard Fuld, se embolsaba millones en forma de salarios y complementos. Al mismo tiempo, el Bank of America se veía obligado a comprar Merril Lynch para impedir que sufriera un destino similar.

Northern Rock y Lehman Brothers se han convertido en emblemas de la contracción del crédito, la crisis financiera y la recesión que les siguió. Éste no es un libro más sobre estos hechos. Ya ha corrido mucha tinta intentado descifrar las causas profundas de la recesión. Es probable que en las próximas décadas, e incluso siglos, se escriba mucho más sobre este tema, y quizá se necesiten muchos años hasta que podamos comprender completamente la compleja maraña de deuda, exceso de confianza y burbuja inmobiliaria que nos llevó a ese extremo. Al fin y al cabo, *El crash de 1929*, la obra maestra de referencia sobre el mayor descalabro financiero del siglo xx de J. K. Galbraith, no se escribió hasta 1954, veinticinco años más tarde.

Lo que a mí me interesa aquí es lo que estos hechos nos dicen acerca de la pérdida de confianza y seguridad de los consumidores a la que hemos asistido en los últimos años. Lo que debemos comprender en relación con estos acontecimientos es que el valor que se ha perdido en esta crisis financiera es muy superior al dinero evaporado de las acciones del Dow Jones [índice de la Bolsa de

Nueva York] o el FTSE 100 [índice de la Bolsa de Londres]. Como demostré en el capítulo anterior, el valor real no se encuentra en estos índices fluctuantes, sino en las relaciones de tú a tú que las organizaciones tienen con sus clientes. Las colas en las oficinas del Northern Rock y el desengaño tras el drama de Lehman Brothers demuestran que en esta recesión se ha perdido mucho más valor, con implicaciones mucho más profundas.

Dick Fuld, de Lehman Brothers; Adam Applegarth, consejero delegado de Northern Rock, y sobre todo Fred Goodwin, el desacreditado director general del Royal Bank of Scotland, recibieron fuertes críticas por su arrogancia. Todos los que fuimos testigos de la indiferencia de estos hombres a lo largo de los días y meses que siguieron a su caída en desgracia pensamos que daban por perfectamente justificados los enormes ingresos que recibían y creían que, independientemente de lo que hicieran y de cómo dirigieran sus empresas, estaban en su derecho de hacerlo así. Esto es lo que provocó más rabia en sus clientes. La gente de la calle estaba furiosa. ¿Cómo es posible que los responsables de la pérdida de mi dinero no sufran? Y en primer lugar, ¿cómo se atrevieron a asumir esos riesgos?

Muchos de los clientes habían trabajado con el mismo banco desde que eran niños, y por descontado, durante toda su vida adulta. A lo largo de los años habían creado una confianza en estas instituciones que iba mucho más allá de los dólares o las libras que tenían depositados en ellas. Se creían plenamente lo que la tranquilizadora publicidad les comunicaba acerca de la prudencia y excelencia del banco. Escuchaban y seguían los consejos de sus responsables en cuanto a las mejores opciones de cuentas de ahorro, hipotecas y préstamos. Cuando el sistema financiero sufrió el colapso, todos estos convencimientos entraron en cuestión; todo indicaba que habían abusado de su buena fe.

Los clientes de todos los lugares están muy, muy enfadados. La encuesta del índice de confianza Edelman de 2009 muestra que un 62 por ciento de los encuestados en una muestra tomada en más de veinte países tenía menos confianza en las empresas que el año anterior. No es aconsejable ignorar su indignación por el simple hecho de que no se echen a la calle con frecuencia para protestar. Para las empresas, la manera que los clientes han escogido para responder a esta situación es mucho más dañina que la rabia expuesta en público. El escepticismo con el que miran hacia las organizaciones es tremendamente perjudicial.

Los clientes de todos los lugares están muy, muy enfadados

Es cierto que incluso antes de que la confianza y la seguridad se fracturaran de esta manera los clientes ya eran muy escépticos. Ahora somos testigos de una aceleración en una trayectoria de desengaño y frustración. ¿Qué es lo que ha provocado todo esto? Creo que hay dos factores básicamente.

En primer lugar, a medida que el marketing y la publicidad se volvían más sofisticados, augurando una mejor vida y más valor, los consumidores fueron creyéndoselo cada vez menos. La expansión de lo que Seth Godin llama el «complejo industrial televisivo» ha provocado, en cierta forma, el desprestigio de las empresas que se trataba de promocionar. Hartos de ser considerados como meros átomos en una mercado masivo, los consumidores han reaccionado a la contra, desconfiando cada vez más de lo que consideran como palabras vacías que emanan de las empresas. Una encuesta de Nielsen realizada en 2007 mostraba que sólo el 55 por ciento de los consumidores en Estados Unidos afirmaba confiar en la publicidad. En el Reino Unido esa cifra cae hasta el 48 por ciento, menos de la mitad de la población. En Italia llega a un raquítico 32 por ciento, y en Dinamarca, donde alcanza su nivel más bajo, es de un 28 por ciento. Estas cifras demuestran que el marketing tradicional y la publicidad como fórmulas de interacción y de desarrollo de relaciones con los clientes y los consumidores han dejado de ser efectivos. Los cambios sociales han hecho a los clientes mucho más sabios y más seguros de sus propias opiniones. Si en su relación cotidiana con una empresa obtienen un servicio dispensado con indiferencia o unos productos de mala calidad, es poco probable que se fíen de un reclamo publicitario. Ésta es la «brecha de la confianza» que explicaré con más detalle en el capítulo siguiente.

Muchas empresas, al tomar conciencia de esta situación, han decidido dar una vuelta de tuerca más en su estrategia de marketing y han pasado a reconocer y hacerse partícipes de ese mismo escepticismo. Tras la crisis, varias entidades han lanzado campañas que juegan con la percepción pública de aquellos bancos malos que ofrecen un pobre servicio a los clientes al por menor, con la intención de distanciarse de ellos implícitamente y demostrar que ellos sí están comprometidos con la comunidad, la prudencia en el crédito y con el ahorro inteligente. Sin embargo, de alguna forma, esto provoca que el nivel de escepticismo se incremente un grado más; los bancos saben que usted tiene una postura escéptica, incluso pueden llegar a bromear al respecto, pero no pueden hacer nada para solucionarlo cuando los clientes se les acercan para pagar con un cheque o para pedir un préstamo.

El segundo factor que interviene en el deterioro de la confianza y la certidumbre es el goteo de malas noticias y escándalos relacionados con empresas que fueron apareciendo durante los años previos a la recesión. El escándalo de Enron es probablemente el ejemplo más conocido de malversación corporativa de este siglo. Pero en relación con este escándalo, lo que le ocurrió a la firma de auditoría Arthur Andersen como consecuencia de su implicación en el asunto Enron es quizás el más representativo de los efectos que tiene mentirles a los clientes.

Con sede en Chicago, Arthur Andersen llegó a formar parte, junto con PriceWaterhouseCooper, KPMG, Ernst&Yound y Deloitte, de la categoría de las «cinco grandes» firmas globales de auditoría. A lo largo de más de cien años la empresa había sido una de las enseñas más respetadas en el mundo de los negocios. Hasta su muerte, en 1947, Arthur Andersen, el fundador de la firma, fue uno de los más acérrimos defensores de la honestidad e integridad en la profesión. Su lema personal era precisamente: «Piensa claramente, habla claramente». Estaba convencido de que la relación fundamental de confianza del auditor debería establecerse con los inversores y no con los directivos de sus clientes. Al igual que ocurría con los bancos, la idea de que Arthur Andersen podría llegar a desaparecer resultaba impensable. Y, sin embargo, ocurrió prácticamente de un día para otro. El 15 de junio de 2002 la empresa fue declarada culpable de obstrucción a la justicia. El jurado descubrió que sus empleados habían destruido documentos relacionados con la auditoría a Enron, implicándola de esta forma en el escándalo. Las consecuencias de este veredicto llevaron a la empresa a renunciar a su licencia para ejercer como auditor público certificado, el símbolo definitivo de la confianza y seguridad para ejercer su tarea con integridad.

Tres años después, en mayo de 2005, la Corte Suprema de Estados Unidos anuló ese veredicto, al juzgar incorrecta la forma en la que se había instruido al jurado. Desde un punto de vista comercial, esto no alteró nada. La reputación de Andersen había quedado tan dañada que contar con su firma en una auditoría no resultaba muy recomendable. A pesar de que la sociedad no se disolvió formalmente ni se declaró en bancarrota, se perdieron más de 85.000 puestos de trabajo. Éste es un gran ejemplo de lo que representa en la práctica la pérdida de la confianza y la seguridad. La fuerza de la integridad personal del señor Andersen quedó enterrada entre las imágenes de oscuros criminales corporativos que destruían documentos cruciales. Las relaciones que habían fortalecido a Arthur Andersen, y que requirieron de años para construirse, se fracturaron. Estas relaciones eran complejas y estaban interrelacionadas, porque para ejercer la auditoría con éxito se necesita la confianza de los clientes, de los inversores, y en última instancia de la SEC, la autoridad del mercado de valores, y del Gobierno. Sin esas relaciones, la empresa es como una caracola rota.

Es importante recordar que los clientes tienen una doble vertiente. No son sólo consumidores, sino también ciudadanos. Muchos aspectos que he comentado en este capítulo acerca de la caída de la confianza y la seguridad se pueden referir por igual al ámbito político como al área comercial. El desengaño, la rabia y la frustración en una de esas dos esferas de la vida pública generan más de lo mismo en la otra. La confianza y la seguridad en la política y en los políticos se encuentran en mínimos históricos. En 2005, cuando la crisis financiera era todavía una lejana pesadilla, una encuesta realizada por la BBC indicaba que el 80 por ciento de los votantes del Reino Unido no confiaban en sus políticos, y que el 87 por ciento no creían que cumplirían sus promesas. En comparación, el mundo de los negocios parece incluso saludable.

Detrás de esta desconfianza se encuentra una corriente similar de tergiversaciones, desinformación y rechazo a pedir disculpas de verdad. En el Reino Unido, el escándalo de los gastos de los parlamentarios dejó al descubierto una cultura oculta que parecía mezquina, y en última instancia interesada. La famosa promesa del entonces responsable de economía del gabinete, Gordon Brown, de que nunca se volvería a una economía especulativa aparece hoy en día totalmente hueca.

Como consecuencia, la mayor parte de la población siente que en las dos áreas de la vida pública, tanto como ciudadanos como consumidores, hay muy pocas organizaciones dignas de su confianza. Sin esa confianza, las relaciones sobre las que se construyen la esfera comercial y la política se hacen insignificantes y vacías.

Tanto la confianza como la seguridad van mucho más allá de la esfera de la política o del colapso de los mercados financieros. Volviendo a nuestra analogía de las relaciones comerciales con las relaciones personales, éstas sólo pueden ser sanas y fructíferas si están basadas en el respeto. Cuando las empresas pierden el respeto por sus clientes, dando por supuesto que siempre estarán allí, o incluso mofándose del aprecio que sienten por sus productos, los resultados sólo pueden ser catastróficos. En este sentido, vale la pena recordar una vez más el caso de Gerald Ratner, que fue quizás el ejemplo más extremo de esta pérdida de confianza y seguridad. Ratner era el propietario de una cadena de joyerías de enorme éxito, presente a lo largo de la década de 1980 en todas las zonas comerciales del Reino Unido. Durante su expansión, la cadena había sacudido el anquilosado sector de la joyería británica con una agresiva política de precios y con campañas que resaltaban precisamente lo asequible de sus productos. A los británicos les encantaba porque ponía a disposición de un público muy amplio productos aparentemente de lujo. Sin embargo, todo esto cambió de una forma abrupta tras una charla que dio Ratner en el Institute of Directors en 1991. Tratando de explicar cómo

Cuando las empresas parecen no respetar a sus clientes, las consecuencias pueden ser catastróficas

era capaz de vender sus productos a precios tan bajos, afirmó que «vendía unos pendientes por menos de una libra, algo menos de lo que vale un sándwich de camarones en Marks & Spencer, aunque es probable que también duren menos». Las meteduras de pata no acabaron aquí. Explicó que era capaz de vender un decantador para el jerez de cristal tallado a un precio tan reducido porque era «una porquería». Ratner se defendió después diciendo que había hecho estos comentarios en privado y que no esperaba que se filtraran a los medios de comunicación. Para su desgracia, la prensa y la televisión del país se cebaron con la noticia, hasta el punto de que dos décadas más tarde este tipo de salida de tono se conoce como «cometer un Ratner». El valor de las acciones de la empresa cayó más de quinientos millones de libras, y Ratner dimitió un año más tarde. Los clientes, antes satisfechos y orgullosos de comprar esos mismos pendientes y esos decantadores, de ponérselos y de servir sus bebidas con ellos y de regalárselos a sus amistades, empezaron de repente a alejarse de la empresa como las ratas de un barco que se hunde. Estaban enojados, y tenían la impresión de haber sido embaucados; nadie quiere regalar algo que es «una porquería». Y todo esto por causa de unas declaraciones fuera de lugar que mostraban desprecio hacia los clientes.

Pero profundicemos un poco más y analicemos con más detalle en qué se fundamentan la confianza y la seguridad y cómo interactúan para crear la base de una relación de tú a tú. En primer lugar, es importante que definamos lo que queremos decir con confianza y seguridad en el contexto de las relaciones comerciales. La confianza es el *sentimiento* de fe en las acciones y motivos de otras personas, grupo o institución; es tener la capacidad de poder fiarse de esa persona o grupo tanto ahora como en el futuro. La seguridad es la forma en la que te comportas como resultado de ese sentimiento de confianza.

Tanto la confianza como la seguridad se consideran desde hace tiempo factores clave en la economía. Forman parte del concepto de «espíritus animales» de Keynes: los elementos no racionales y psicológicos que influyen en la vida económica. Es bien sabido que en general las crisis financieras son el resultado de una pérdida de confianza y seguridad en los sistemas, y de una impresión de que las acciones están sobrevaloradas en relación con la economía «real». La desconfianza creciente hacia la calidad de las hipotecas *subprime* empaquetadas en obligaciones de deuda garantizada fue la responsable de que todo el edificio se tambaleara en la reciente crisis. El papel de la confianza y la seguridad en las relaciones con los clientes no resulta tan conocido, pero es igualmente fundamental. Como expuse en el capítulo anterior, el concepto de valor en los negocios va mucho más allá de la noción del precio o de la rentabilidad de la inversión. El valor reside igualmente, o incluso más, en las relaciones de tú a tú, y está íntimamente ligado a otros aspectos más cuantificables de la riqueza. Cuando las relaciones se rompen, como en el caso de Gerald Ratner o de Northern Rock, o como ha sucedido con un montón de políticos, no pasará mucho tiempo para que esto tenga un impacto en el ejercicio financiero. Aquello que a usted le parecía difícil de medir se convierte de repente en algo tremendamente tangible, y descubrirá que alcanza una dimensión de millones, o incluso de cientos de millones.

Como ya he señalado, cuando la confianza y la seguridad se pierden en una relación, pueden resultar muy difíciles, cuando no imposibles, de recuperar. Pero puede lograrse. Reconstruir una relación puede exigir años de trabajo, pero es posible. En el siguiente capítulo profundizaré en este tema con más detalle, presentando el concepto de la Brecha del Compromiso que se abre cuando desaparece la confianza y reflexionando sobre lo que usted puede hacer como líder empresarial, directivo o empleado para cerrar esa brecha.

3

Cómo cerrar la Brecha
del Compromiso

Nada hay más dañino para la salud de una relación que las promesas rotas. Con la excepción, indudablemente, de las mentiras. Las promesas incumplidas traicionan la confianza; las mentiras acrecientan el daño y la degradación. Si usted acepta la premisa básica de este libro de que las relaciones con los clientes serán el factor determinante para el éxito en la etapa posterior a la recesión, esto implica que debería obsesionarse por cerrar la Brecha del Compromiso que existe en todas las empresas, incluida la suya. La Brecha del Compromiso es muy simple y muy mortífera: es la diferencia entre lo que usted le promete a un cliente y lo que le da.

Esta brecha se pone en evidencia a través del escepticismo colectivo que manifestamos tanto hacia el Gobierno como hacia las empresas. Esta recesión ha transformado nuestro escepticismo en un arma «nuclear», con una masa crítica explosiva de rabia y enfado ante la incompetencia y las mentiras esgrimidas a medida que nos acercábamos al colapso del sistema financiero. Los clientes ya no están dispuestos a otorgarle el beneficio de la duda. Lo que alimenta su rabia es el cúmulo de promesas incumplidas que se han acostumbrado a padecer. Su poder para castigarle ya no tiene límite, y no necesitan ningún incentivo para emplearlo.

Sin duda, usted sabe reconocer en su propia piel, como cliente y ciudadano, dónde reside esa Brecha del Compromiso. Sabe cuánto llegan a enojarle, con cuánta frecuencia sale el tema con su familia, sus amigos, compañeros de trabajo, y con los miembros de las comunidades digitales a las que pertenece. Pero ¿es usted igualmente consciente de dónde se encuentran estas brechas en su propia organización? ¿Se da perfecta cuenta de cómo están reaccionando sus clientes, con quién hablan y qué dicen acerca de usted? ¿Percibe con total claridad el daño que estas Brechas del Compromiso están produciendo a las relaciones que durante tantos años y con tanto esfuerzo ha ido construyendo? ¿Le quita el sueño todo el valor que se está disipando porque sus clientes no sólo se están alejando de usted por culpa de las promesas incumplidas, sino también porque es probable que le estén reprobando ante muchísima gente a usted, a su empresa, sus productos, su equipo, su falta de ética y su servicio?

Los clientes ya no están dispuestos a otorgarle el beneficio de la duda

Me gustaría referirme a un caso espectacular de promesa incumplida que afectó recientemente a un sector y a una empresa a la que me siento muy ligado. Se trata de la inauguración de la nueva Terminal 5 de British Airways en el aeropuerto londinense de Heathrow a principios de 2008. Con toda franqueza, este suceso me dejó primero sin palabras, y al final totalmente descorazonado. La inauguración de la Terminal 5 fue uno de los ejemplos más demoledores de los últimos años de promesas exageradas y de fiasco en los resultados. Aunque el suceso tuvo lugar en el Reino Unido, sus efectos y su repercusión alcanzaron dimensiones realmente globales.

A medida que se avanzaba en la construcción, las expectativas iban en aumento. Día tras día, altos directivos de la compañía aérea aparecían en televisión, en la radio y en la prensa escrita para cantar las alabanzas de la nueva terminal. Sobre el papel, parecía realmente impresionante. Diseñada por el equipo de Richard Rogers, se habían empleado diecinueve años en su construcción, después de una fase de estudio del plan que resultó ser la más larga en la historia del Reino Unido. El coste final del proyecto superó los cuatro mil millones de libras esterlinas. La Terminal 5 estaba destinada para el uso exclusivo de British Airways y debía representar un centro emblemático de conexiones en su propio país. Según la publicidad previa, la terminal iba a abrir una nueva era en el transporte aéreo. Se acabarían para siempre las lentas colas ante los mostradores de facturación, las aún más largas colas para superar los controles de seguridad y las interminables esperas en las zonas de restaurantes y de tiendas libres de impuestos. En su lugar, esta terminal aprovecharía todas las posibilidades que ofrecía la facturación *online* de personas y equipajes. Dispondría de dispositivos de seguridad menos traumáticos y más ágiles; y la oferta de tiendas, bares de copas de champán y restaurantes de calidad sería prácticamente infinita. Si la Terminal 5 era el destino final de su viaje, podría recoger su equipaje de forma mucho más sencilla y fácil, y salir y proseguir su camino lo más rápidamente posible. Y, además, todo esto tendría lugar en un entorno más alegre y luminoso, más humano, con multitud de espacios abiertos y con fantásticas vistas. Ante tanta expectativa, la idea de pasar por la Terminal 5 se presentaba como una de las promesas más emocionantes que el sector aéreo podía ofrecer. La página web de British Airways describía así su ambición en relación con la Terminal 5:

> Para nosotros es una oportunidad única en la vida para redefinir el transporte aéreo [...], para sustituir las aglomeraciones, las colas y el estrés por el espacio, la luz y la calma [...], para cambiar definitivamente su forma de volar.

Son afirmaciones tremendamente sugerentes. Parecería que uno se disponía a hacer un viaje al nirvana.

Cada vez que escuchaba tanta promesa sentado frente al televisor, me ponía furioso. ¿Por qué? Como sabe cualquier persona que haya trabajado en el sector aéreo, los nuevos aeropuertos y terminales son casi siempre una pesadilla los primeros días, especialmente en lo que se refiere al sistema de control y entrega de equipajes y al *software* que lo dirige. A lo largo de todos mis años de experiencia en el sector, he sido testigo de un desastre tras otro en aperturas similares, como las de Denver, Bangkok, Hong-Kong y muchas otras. ¿Qué hacía pensar a la gente encargada de la Terminal 5 que en esa ocasión todo sería diferente? Es cierto que tanto British Airways como la BAA (la autoridad aeroportuaria británica) habían invertido mucho para lograr que todo funcionara bien, pero esto no garantizaba ninguna inmunidad contra el desastre.

Por desgracia, el día en que la Terminal 5 se abrió al público, el 27 de marzo de 2008, todo lo que podría haber ido mal fue mal. Rápidamente quedó en evidencia que la nueva terminal no podía asumir todo el volumen de pasajeros que viajaba desde allí. British Airways se vio obligada a cancelar un gran número de vuelos y a rechazar la facturación de maletas en todos los demás. En los diez días siguientes se cancelaron más de quinientos vuelos, y más de veintiocho mil maletas no viajaron junto con sus propietarios. La historia de un pasajero que volaba a una boda en California junto con un amplio grupo de familiares representa un caso típico. Después de esperar varias horas para embarcar, los pasajeros tuvieron que seguir su espera durante dos horas más en la pista de aterrizaje. Sólo cuando ya estaban en pleno vuelo se les informó de que probablemente sus equipajes no habían sido embarcados, dejándolos con una profunda congoja durante el resto del vuelo ante la expectativa de llegar a la boda sin los regalos y sin sus vestidos de gala. Cuando llegaron a San Francisco, se encontraron sin maletas, sin ropa, sin los regalos de boda y sin ningún tipo de disculpas.

Las radios, las televisiones y los periódicos se hacían eco constantemente de incontables situaciones como ésta. Mientras tanto, se empezó a acumular un gran número de viajeros, fatigados, exasperados y frustrados en la zona de facturación de la terminal. Reuniones de negocios, conferencias o celebraciones familiares en todo el planeta estaban en juego. Los medios de comunicación se recrearon en esas imágenes, mostrando una interminable retahíla de encendidas denuncias, al mismo tiempo que la noticia de este fiasco se extendía a nivel internacional. La responsabilidad de la situación recayó en el fallo del sistema informático de la nueva terminal, y también en una deficiente comprobación de los sistemas y en una escasa formación del personal, cosas todas ellas que a la gente de la calle le parecían básicas. ¿Cómo se puede gastar tanto dinero sin ni siquiera comprobar que los ordenadores funcionan? ¿Por qué se hicieron tantas promesas? ¿Por qué no estaban mejor preparados para reconducir la situación? Los perjuicios estaban resultando enormes y no se podían ocultar.

Hoy en día, el tránsito por la Terminal 5 es una delicia. Aunque resulta un poco exagerado afirmar que «ha cambiado definitivamente la forma de volar», es verdad que es mucho más rápida y agradable que muchas de las antiguas terminales de Heathrow, y que muchas otras terminales y aeropuertos del mundo. Si no se hubiera creado un abismo tal entre las expectativas y la realidad, ésta podría haber sido la percepción mayoritaria por parte del público de la Terminal 5.

Sin embargo, arreglar el desaguisado ha supuesto una tarea ingente para recuperar la confianza. El desastre de la apertura de la Terminal 5 se transformó en una pesadilla para las relaciones públicas, y exigió a British Airways inversiones cuantiosas e imprevistas en campañas de publicidad que trataban de mostrar a unos pasajeros tranquilos y sonrientes en un ambiente relajante. Anuncios por todo el Reino Unido enseñaban con orgullo la apariencia de la terminal tal como se encontraba esa misma mañana, y exponían estadísticas del porcentaje de vuelos que aterrizaban a su hora, o el tiempo que se necesitaba para facturar, bajo el titular «La Terminal 5 funciona». La única alternativa que le quedaba a British Airways y a BAA para combatir la desastrosa imagen ante la prensa y el público era que los clientes comprobaran por ellos mismos algo más normal y vieran cómo funcionaba. Y, sin embargo, el daño provocado por la exageración en la oferta y sus pobres resultados es probable que tenga consecuencias negativas que perdurarán en la memoria de mucha gente durante años.

Cierre la Brecha del Compromiso con agilidad, humildad y simplicidad

¿Cómo se cierra la Brecha del Compromiso? Con agilidad, simplicidad y humildad. Yo identifico cuatro fases en lo que llamo el Rentable Arte de Recuperar la Confianza. Son éstas:

1. Identifique el problema.
2. Diga la verdad.
3. Pida disculpas, ¡de corazón!
4. Arréglelo.

Lo que la gente suele recordar y comentar no es tanto aquello que funciona bien desde el principio como las medidas que usted ha tomado para solucionar algo que ha fallado. En la era de las comunidades *online*, negar o postergar puede significar una amenaza para las relaciones con sus clientes, por muy antiguas que sean, y comporta una sangría para el valor de su empresa, perjudicando seriamente su rentabilidad.

Examinemos otro ejemplo de Brecha del Compromiso, en este caso gubernamental, que deja pequeña la historia de la Terminal 5 porque sus consecuencias fueron trágicas y letales. Se trata de un caso ejemplar de cómo la impresión de ser engañado puede corroer las relaciones con los ciudadanos igual que con los clientes, y de la relevancia que puede tener ante los ojos del mundo entero el contraste entre lo prometido y la realidad.

Me estoy refiriendo a la guerra de Irak y a las promesas que se hicieron a tantos ciudadanos en diferentes países de todo el mundo acerca de las armas de destrucción masiva y la necesidad de ir a la guerra. Ésta fue la promesa, el estímulo, el acuerdo que los políticos ofrecieron a sus electores, y que no se diferencia tanto del acuerdo que las empresas hacen con sus clientes cada día. En 2003, George W. Bush, en Estados Unidos, seguido de Tony Blair, en el Reino Unido, y de los líderes políticos de otras países de la coalición, insistió en que la necesidad de atacar Irak era real y urgente. La razón era la supuesta constancia de que Irak poseía y estaba desarrollando más armas nucleares, químicas y biológicas de destrucción masiva que suponían una amenaza militar real e inminente para los países occidentales. El hoy desdichadamente famoso *dossier* británico en defensa de la guerra afirmaba que el régimen de Saddam Hussein podría ser capaz de desplegar todo este armamento en cuarenta y cinco minutos, con consecuencias potencialmente devastadoras. A los ciudadanos de todo el mundo esa perspectiva les parecía aterradora.

Durante el periodo previo a la guerra, al tiempo que los Gobiernos de Estados Unidos, Reino Unido, España, Polonia, Australia, Italia y Dinamarca defendían sus puntos de vista, mucha gente siguió manteniendo una postura firme en contra de la guerra por una serie de razones. Millones de personas salieron a la calle para protestar en más de ochocientas ciudades de todo el mundo en febrero de ese año. Sin embargo, muchos otros creyeron las afirmaciones de sus líderes, y confiaron en los pactos que se estaban estableciendo en esos momentos; al fin y al cabo, si no hubiera una evidencia real de que sus países estaban amenazados, ¿qué razón tenían los políticos para declarar una guerra? En realidad, esta conjunción de terrorismo y de armas de destrucción masiva serían las únicas justificaciones legales para empezar la guerra. La otra razón, que fue esgrimida someramente en aquellos momentos, la de «liberar al pueblo iraquí», denominada «cambio de régimen», hubiera sido ilegal.

Mientras los tanques entraban en Irak en marzo de 2003, muchos ciudadanos seguían pensando que el derramamiento de sangre, el peligro y el seísmo político eran males necesarios para proteger a sus países y erradicar una amenaza terrorista. Sin embargo, a medida que pasaron los meses y los años, las tropas británicas y estadounidenses fueron incapaces de localizar ninguna prueba de la existencia de las armas que sus líderes habían dicho que existían antes de la guerra. En un primer momento esta situación provocó un silencio vergonzoso, pero de pronto se transformó en rabia a nivel mundial. La diferencia entre lo que se había afirmado y lo que estaba sucediendo era colosal. Se habían comprometido las vidas de soldados y miles de millones de dólares bajo el engañoso supuesto de que los ciudadanos «deben confiar en nosotros». A principios de 2005, agentes de la inteligencia estadounidense comunicaron que cesaban la búsqueda de armas de destrucción masiva en Irak. El Grupo de Investigación de Irak, formado para dirigir esa búsqueda, llegó a la conclusión de que las reservas de este tipo de armas en posesión de Saddam Hussein debían de haber sido destruidas por completo en 1991, después de la anterior Guerra del Golfo. Miles de enojados ciudadanos de todo el mundo volvieron a manifestarse. Sin embargo, muchos millones de personas más no salieron a la calle. Sencillamente aceptaron que esa Brecha del Compromiso era una ley de vida: los políticos mentían, no se podía confiar en ellos para nada, meterse en política era irrelevante igual que poner la menor ilusión en ella, porque de todos modos te acabarán defraudando y decepcionando.

Y, sin embargo, los políticos que habían empezado la confrontación no hicieron en ningún momento durante la guerra, o durante sus sangrientas y prolongadas postrimerías, ningún esfuerzo real para cerrar la Brecha del Compromiso que se había abierto entre ellos y sus electores. Si tomamos en consideración los cuatro puntos que he mencionado en relación con la recuperación de la confianza en el caso de la Terminal 5, muy pocos políticos han tenido la humildad de aplicarlos, temiendo que, si presentaban sus disculpas, estarían aparentando debilidad. Es posible que en secreto reconozcan el problema, pero parece que se les hace muy difícil decir la verdad y pedir perdón. Igual que las peores empresas, prefieren negar que el problema existe. Y de esta forma el escepticismo, el resentimiento y la ruptura de relaciones persisten.

Por supuesto, en lugar de verse en la necesidad de cerrar una Brecha del Compromiso tan profunda como la que se produjo con las armas de destrucción masiva en Irak, o en menor escala en la Terminal 5, es preferible estar siempre alerta ante la posibilidad de excederse en las promesas o de fallar en el resultado, y no olvidar nunca el profundo perjuicio que esto puede provocar para su negocio, en una época de comunicaciones instantáneas. Aquí radica la revolución. Agilidad, simplicidad, sin demoras: todos en su empresa deberían estar al acecho de Brechas del Compromiso y, allí donde se encuentren, repararlas. Por eso el reto de cerrar la Brecha es tan motivador y exigente: no se trata de un proceso puntual. La Brecha del Compromiso representa una amenaza para todas las empresas del mundo, cada día. Las empresas que tienen éxito hoy en día y que triunfarán en el futuro son las que dan la vuelta a la ecua-

Hay que limitar las promesas e ir más allá en el servicio o producto

ción: limitan sus promesas y van más allá en su servicio o producto. Son las empresas que orientan toda su gestión hacia la transparencia, la integridad, la responsabilidad, la apertura y, cuando resulta necesario, la recuperación de la confianza. Ésta es la única forma de crear Valor Único y de conservar unas relaciones sólidas y vitales con los clientes en la era posterior a la recesión.

Crear Valor Único implica también comprender lo que es un compromiso y lo que no lo es. Comprometerse a ser perfecto no es ni debería ser nunca una promesa. La perfección no existe. Nunca ha existido. La perfección última no es posible, ni tan sólo en las manufacturas, el sector que más cerca puede estar de ella. Vale la pena perseguirla, pero todos hemos aprendido a aplicar un cierto grado de realismo al respecto. Hoy en día cada vez más personas, sobre todo en los países desarrollados, trabajamos en el sector servicios, que es mucho menos sistemático. Al estar regido por frágiles interacciones humanas, la perfección en los servicios no es nunca posible. La mayoría de la gente lo sabe. No exigen la perfección. Lo que sí esperan es respeto, reconocimiento, un trato equitativo y sinceridad. Lo que quieren es que las empresas, cuando se produzca un error, sigan los cuatro pasos mencionados antes: que levanten la mano, reconozcan el fallo, lo admitan con sinceridad con un «lo siento» y ofrezcan garantías creíbles de solución. Nunca niegue un problema y no mienta nunca a un cliente, *nunca*. Mark Twain dio el conocido consejo: «Mentir siempre resulta complicado porque tienes siempre que recordar lo que has dicho». Resulta por lo tanto crucial que sea cada vez más consciente de que las promesas incumplidas se consideran hoy en día como mentiras, y tanto las empresas como los Gobiernos se enfrentan a una tarea ingente si quieren recuperar y restablecer las relaciones, una vez que la gente siente que su confianza ha sido traicionada.

Existen, por supuesto, ejemplos de empresas que han conseguido crear Valor Único y Valor de por Vida sencillamente siendo fieles a los principios básicos día tras día. No prometen la luna, simplemente se limitan a colocar a sus clientes en el centro de todo lo que dicen y hacen, y cumplen con ellos de forma rigurosa.

Tesco, la cadena británica de supermercados, es quizá la empresa que mantiene mejor que ninguna otra y de forma constante este tipo de compromiso modesto, realista y palpable, en un sector aparentemente tan poco atractivo. Es en estos momentos la tercera cadena más grande del mundo, y genera cada año unos beneficios superiores a los tres mil millones de libras. En los últimos años, Tesco se ha convertido en una empresa de enormes proporciones en el Reino Unido, con una presencia que se extiende cada vez más en los mercados de Europa, Asia y Estados Unidos. Hace unos años, una de cada siete libras que se gastaban en el Reino Unido iba a parar a Tesco. Su negocio incluye todo tipo de establecimientos, desde los Tesco Metros en los centros urbanos y los Tesco Express de los barrios, en los que se puede comprar un poco de todo para salir del paso, hasta los enormes Tesco Extra, hipermercados situados en los extrarradios, surtidos hasta el techo con todo tipo de productos, desde comida, ropa, libros y DVD, hasta gasolina.

Sin embargo, siendo un gigante de la distribución, el compromiso de Tesco con sus clientes es sorprendentemente modesto y sin pretensiones. Tesco, a través de la publicidad y de su promoción en las tiendas, se limita a anunciar que *Every Little Helps,* «cada pequeña cosa ayuda». Estoy convencido de que se trata del compromiso publicitario más sutil y efectivo de la historia moderna del Reino Unido. Aparentemente, no se trata ni tan sólo de un compromiso. Sin embargo, si lo analizamos un poco más detenidamente, esta aparente modestia encierra una estrategia muy efectiva. Nos está diciendo que, a pesar de ser una empresa global de gran tamaño, Tesco en realidad está a nuestro lado. Sabe lo que implica tener una familia ajetreada, en la que nunca hay ni tiempo ni dinero suficiente. Pero tampoco quiere tratarnos con condescendencia; al fin y al cabo, ¿quién no quiere ahorrar en sus compras y recibir más por menos? A pesar de sus crecientes beneficios, ¡Tesco está para ayudarle a *usted*, su cliente! En el fondo, se trata de un gran compromiso que aparenta ser modesto. «Cada pequeña cosa ayuda», una vida menos complicada, nada más.

¿Cómo consigue Tesco cumplir y sobrepasar sus compromisos? Compara permanentemente sus precios con los de sus competidores más importantes para poder garantizar que sus ofertas se encuentran entre las mejores del mercado para todo tipo de productos. Cuando a finales de 2008 las dificultades económicas empezaron a afectar a sus clientes, Tesco reaccionó rápidamente ante estas nuevas circunstancias restrictivas ofreciendo versiones más económicas de sus productos de marca, al lado de sus formatos tradicionales. Para muchos clientes, esto significaba el cumplimiento de un compromiso. Para Tesco, se trataba de una astuta estrategia comercial que le permitía luchar contra la competencia de las tiendas de bajo precio, al conseguir que sus clientes siguieran comprando en el ambiente familiar y más agradable de la tienda Tesco de su zona, al tiempo que conseguían ahorrar. Por último, Tesco cuenta con un director general, Terry Leahy, que ha impulsado de forma obsesiva y pública unos principios que colocan al cliente en el corazón de todo lo que es importante para la empresa.

Este compromiso ha generado mucho más valor para Tesco que el simple hecho de seguir siendo rentable en el centro de una recesión global. Los clientes sienten que Tesco es una marca que está de su lado, que los apoya. El hecho de que ofrezca bajo el mismo techo casi todo lo que el estilo de vida de un consumidor moderno pueda requerir consigue hacer su vida menos compleja. En 2005, una periodista británica realizó un experimento y decidió vivir durante un mes entero consumiendo exclusivamente productos adquiridos en Tesco. Al final de la experiencia, su conclusión fue que «la única cosa que asusta es lo fácil que ha resultado todo [...], no he tenido que prescindir de nada», lo que representa, como ya hemos visto, una ventaja empresarial con la que es difícil no estar de acuerdo.

En 2009, en la estela de una recesión global y de una pérdida de confianza sin precedentes en el sistema bancario tradicional, Tesco anunció que iba a entrar de forma significativa en el sector bancario, y que cambiaría el nombre de su división de Tesco Personal Finance (servicios financieros para particulares) por el de Tesco Bank. ¿Cómo se lo pudo permitir? Gracias a la enorme confianza creada y mantenida con su base de clientes a lo largo de muchos años, y estando a su lado en los momentos buenos y en los malos. A diferencia de los bancos que ya existían, la gente confiaba sinceramente en que Tesco se comportaría de forma clara y honrada con ellos. De igual manera que se sentían traicionados por la complejidad matemática de las transacciones en los mercados financieros y por las suculentas compensaciones recibidas por los responsables de los bancos que habían hundido la economía, creían que Tesco podría ofrecerles algo realmente mejor. «Cualquier pequeña cosa ayuda», creando Valor de por Vida. Una auténtica Revolución en las Relaciones.

La prevención de la Brecha del Compromiso exige que usted se comprometa con modestia y ofrezca unos resultados por encima de lo esperado, constantemente, incluso obsesivamente. Usted y sus compañeros tienen que saber lo que implican sus compromisos y lo que significan ante los ojos de sus clientes. Tiene que estar dispuesto a asumir plena responsabilidad por esos compromisos, a levantar la mano y a decir «lo siento» (de corazón) cuando algo falle y a solucionarlo lo más rápidamente posible. Tiene que insuflar estos compromisos a todos los aspectos de su negocio, su sistema de trabajo y sus valores, para que lleguen a todos los miembros de su empresa, asegurándose de que cada cliente percibe lo que significa este compromiso en cada contacto que tenga con su empresa, día tras día. Una revolución en la claridad, una revolución en la determinación.

Se trata de unos retos enormes. Retos que muchas empresas (y Gobiernos) que han fracasado recientemente no han sido capaces de afrontar. Si ignora la Brecha del Compromiso, tendrá que asumir las consecuencias. Pero si está dispuesto a afrontar el reto de superarla, esto puede ser la base de su éxito en los próximos años. Únase a esta revolución: su atractivo radica en su claridad y simplicidad. Concentre todo su esfuerzo desde hoy en prometer lo justo y en ofrecer resultados por encima de las expectativas, y verá cómo se beneficia de ello.

4

Clientes al mando, para siempre

El factor más influyente de la llamada era de la información es el hecho de que los clientes se encuentran ahora
al mando para siempre. Ésta es la premisa básica para el
comercio en el siglo XXI. Esta realidad regirá el mundo
de los negocios para el resto de su vida, y para al menos
la mayor parte de la vida de sus hijos. Aquellos que sean
capaces de comprenderlo sobrevi-
virán, y los que no, se convertirán
en las víctimas de un cambio cul-
tural del que la recesión no es más
que una pequeña parte.

Ésta es la auténtica revolución, y son sus clientes los que se
han puesto detrás de las barricadas. Serán rápidos y brutales en

*Ésta es la auténtica
revolución, y son
sus clientes los que
se han puesto
detrás de las
barricadas*

sus juicios, con un poder en aumento, más allá incluso
de lo que usted pueda imaginar. Albert Einstein dijo
una vez: «La imaginación es más importante que el conocimiento». Sea un genio y preste atención. Existe un
peligro real en el enorme poder que sus clientes poseen

ahora y en el aún mayor que acumularán en las próximas décadas. Sin embargo, igual que frente a cualquier peligro, existe también una oportunidad real y motivadora. Por encima de todo, quisiera que este capítulo le ayudara a reconocer y a aceptar la enorme importancia que ello tiene, comprenderlo en el contexto del desarrollo de relaciones de tú a tú con los clientes de por vida y aprovechar las oportunidades que esto abre.

Si usted promete por encima de sus posibilidades y cumple por debajo de ellas, se topará con este otro hecho básico: ya no encontrará un sitio donde esconderse. Es muy probable que sus clientes estuvieran hablando *online* ayer acerca de usted, de su empresa, sus productos, su equipo, su ética, sus valores, sus políticas y sus promesas, y que también lo hagan hoy y mañana, y todo ello en tiempo real. Las empresas inteligentes se suman a estas conversaciones. Las menos inteligentes las ignoran y siguen como siempre. En el comercio de hoy en día no existe nada más anacrónico que definir lo que usted hace como «crear valor *para* sus clientes». Esta idea es realmente peligrosa. Lo que toda empresa debe hacer, ahora y en el futuro, durante muchos, muchos años, es crear valor *con* sus clientes. El gran economista John Maynard Keynes, cuyo nombre se ha invocado con tanta frecuencia para explicar y aliviar la crisis financiera actual, dijo una vez: «La mayor dificultad en este mundo no es que la gente acepte ideas nuevas, sino conseguir que olvide las viejas». ¿Qué ideas obsoletas conserva acerca de sus clientes y qué efecto tienen en usted? ¿Con qué rapidez puede decidir qué ideas debe abandonar y cuáles olvidar, y mediante qué proceso? Se trata de un ejercicio de humildad: sus prioridades carecen de importancia. Nunca la tienen. Recuerde que lo importante no reside en el tamaño, sino en el enfoque. Limite sus prioridades a lo que es importante hoy y lo seguirá siendo mañana, y no a lo que importaba ayer.

Éste no es un libro más acerca de las causas de la crisis y tampoco es un libro que se ocupe del impacto social y tecnológico de la cultura de colaboración y participación masiva. Existen ya muchos buenos libros que tratan precisamente de estos fenómenos. Lo que me interesa a mí es la influencia revolucionaria que tienen sobre la forma en la que se desarrollan y se conservan las relaciones con los clientes, y el impacto sísmico que están teniendo sobre el comercio en sí mismo. El hecho que usted tiene que encarar es que los clientes *quieren* participar. El cliente pasivo es una especie en peligro de extinción, y es posible que desaparezca en una generación. El nuevo consumidor, muy activo, es infinitamente exigente. Cuando usted provoca su enojo, cuando los infravalora, cuando les promete por encima de sus posibilidades y cumple por debajo de ellas, sus clientes disponen ahora de la posibilidad de contárselo a todo el mundo en cuestión de horas, si no de minutos. Usted tiene que ser consciente de esto y tiene que conseguir que todos los que le rodean lo asuman.

> *El cliente pasivo es una especie en peligro de extinción*

Cuando se ha roto una promesa, permanece flotando en el espacio, contaminando la forma en la que otros clientes, actuales o potenciales, perciben su empresa y su marca. Es como si fuera un virus; de hecho, es lo que yo llamo «contagio emocional». La desconfianza y el enfado se propagarán mediante ese contagio emocional, e igual que la gripe porcina o el síndrome respiratorio agudo, se extenderá a partir de sus oficinas, sus centros de atención telefónica, de sus tiendas o de sus fábricas, como si fuera un incendio fuera de control. El escepticismo, el enojo o la desconfianza se pueden transmitir mediante Internet por todo el mundo en tiempo real, con efectos devastadores. La única diferencia entre el contagio emocional del escepticismo de los clientes y el de los virus físicos que parecen amenazarnos es que, desde el punto de vista comercial, el escepticismo es casi con toda seguridad más inminentemente mortífero. En el capítulo anterior me refería a la necesidad de cerrar la Brecha del Compromiso y al hecho de que no hacerlo dejará en sus clientes un sentimiento de escepticismo, enfado y frustración. Ahora quisiera explicar cómo ocurre esto y las consecuencias que puede tener para usted.

La desconfianza y el enfado de los clientes se extienden mediante un contagio emocional

Haga el siguiente experimento para comprobar lo que quiero decir. Busque en Twitter el nombre de su empresa o el de otra marca reconocida. Es bastante probable que apenas horas, minutos o incluso segundos antes alguien estuviera haciendo algún comentario acerca de ella. Desde sus teléfonos móviles, sus BlackBerrys o sus ordenadores portátiles, la gente se dedica a enviar comentarios a su red de amigos y seguidores acerca del servicio que acaban de recibir y del trato que les acaban de dispensar. Si ha sido bueno, es posible que lo digan. Si no lo ha sido, casi seguro que lo harán. Ahora haga el mismo tipo de búsqueda en Google. Aparte de la web oficial de la empresa y de los artículos periodísticos que ya conocía, es probable que se encuentre con otras muchas menciones de la marca en blogs y plataformas de mensajes. Google es un milagro, y sale gratis. Podría hacer lo mismo en YouTube. Se trata de foros que operan sin autorización, sin control, pero que cuentan con un enorme poder.

Los estrenos cinematográficos, por ejemplo, pueden padecer lo que se ha dado en denominar el «efecto Twitter». Con anterioridad, una nueva película que contara con una gran promoción podía funcionar bastante bien en taquilla durante al menos un par de semanas, aunque no valiera gran cosa. La opinión de que la película no estaba a la altura ni de las expectativas creadas, ni de los comentarios elogiosos de la publicidad se iba filtrando poco a poco, limitada naturalmente por el número de personas con las que un espectador podía compartir sus impresiones. Eso era antes. Hoy en día, unos espectadores decepcionados por una película pueden transmitir sus críticas a miles, incluso a millones de seguidores, a la salida de la sala. La taquilla de este tipo de películas puede caer de forma notoria en cuestión ya no de semanas, sino de días. No se trata simplemente de un interesante fenómeno social. Es una realidad cuyo impacto puede medirse en los millones de libras o de dólares que se pueden ganar o perder.

El mejor ejemplo de este fenómeno del poder de los clientes quizá sea la historia de Dave Carroll, de la banda Sons of Maxwell. Carroll se encontraba en un vuelo de United Airlines de Chicago a Nebraska junto con su banda, cuando un pasajero detrás de él le comentó que los responsables de cargar los equipajes en el avión parecían estar tirando unas guitarras al suelo de la pista. Preocupado por el destino de su carísima guitarra Taylor, que había facturado como equipaje, Carroll alertó del hecho a varias azafatas, que no le prestaron ninguna atención. Por supuesto, cuando fue a recoger su guitarra en Nebraska, estaba golpeada y rota. Carroll, frustrado y enfadado, se quejó a United Airlines y pidió que le pagaran el coste de la reparación del instrumento. Sus peticiones fueron ignoradas. Una y otra vez se encontró únicamente ante negativas a admitir ningún tipo de negligencia por parte de la compañía aérea o a compensarle por los daños. Por fin, al cabo de un año de discusiones, le dieron un no definitivo: no había nada que la compañía pudiera hacer o estuviera dispuesta a hacer. Carroll, enfadado y harto, decidió encarar su protesta de otra manera. Escribió una canción titulada «*United Breaks Guitars*» [«United destroza guitarras»], y grabó un videoclip para acompañarla, con un grupo de mariachis en el fondo, unas azafatas que no hacen ni caso y unas rayas pintadas en el suelo que representaban el lugar donde la guitarra acabó sus días, y lo colgó en YouTube. La respuesta fue impresionante. La letra decía:

United, United, United, you broke my Taylor guitar;
I should have flown with someone else or even gone
by car.
[United, United, United, rompiste mi guitarra Taylor;
debí haber volado con otro o incluso haber ido en
coche.»[2]

Se extendió por toda la red.

Cuando estaba escribiendo este libro, el vídeo lo habían visto ya más de seis millones de personas en la web. Había tenido miles de valoraciones y comentarios, la mayoría incidiendo en la mala reputación de United, y se había convertido en un reclamo para otras quejas acerca de la empresa y del trato de las compañías aéreas en general. United se puso en contacto con Carroll personalmente solicitándole que retirara el vídeo, pero él se negó y grabó y subió a la red dos canciones más. En lo que respecta a los medios de comunicación, la respuesta de United ante el incidente no ha sido precisamente acertada. Se trata de una historia a la que resulta difícil resistirse: la torpe e insensible empresa puesta en cuestión por un modesto chico con una (¡o sin una!) guitarra. Si buscaba una prueba de que todo esto tiene una incidencia comercial y de que no se trata «sólo» de un problema de relaciones públicas, vea las consecuencias: la cotización de la empresa cayó un 10 por ciento, con un coste

---

2. Dave Carroll (julio de 2009), «United Breaks Guitars» (canción en MP3), Sons of Maxwell, http://www.youtube.com/watch?v=5YGc4zOqozo.

de ciento ochenta millones de dólares para los accionistas, como consecuencia de la mala prensa suscitada a partir de «United rompe guitarras».

Esto es lo que sus clientes pueden hacer, y de hecho harán, si usted no les presta atención o no se relaciona con ellos. Si usted no quiere dialogar con sus clientes, lo más probable es que ellos quieran entablar una conversación en su lugar, y ahora disponen de una audiencia ilimitada. ¿Qué hará para evitar encontrarse en una situación como la de United? ¿Está seguro de que usted reaccionaría mejor que la compañía aérea?

Los Sindicatos de Clientes pueden llegar a ser mucho más poderosos que los sindicatos de trabajadores

Creo que lo que Carroll hizo es simplemente el principio de algo mucho más importante. Carroll dio lugar a una comunidad de personas que estaban específicamente hartas de United o que no soportaban la forma como las grandes compañías aéreas los ignoraban. En mi opinión, estas comunidades de clientes son la semilla de lo que acabará convirtiéndose en Sindicatos de Clientes. Estos Sindicatos de Clientes pueden llegar a ser mucho más poderosos que los sindicatos de trabajadores. A diferencia de los sindicatos tradicionales, estos nuevos sindicatos no están cerrados y no hay limitaciones para asociarse. Cualquiera puede unirse a un Sindicato de Clientes, y sus miembros y su misión son flexibles, cambiando y adaptándose a las necesidades de cada momento. Los Sindicatos de Clientes estarán constituidos por personas con formas de pensar similares que, agrupadas, votarán con sus pies y con sus carteras cuando vean que algo no les gusta o cuando sean tratadas de una forma que no les satisfaga. Recuerde lo que le pasó a Dell en 2006, por ejemplo, cuando sus clientes empezaron a protestar porque sus ordenadores portátiles se incendiaban. Los comentarios de clientes quejándose de los ordenadores defectuosos llevaban un tiempo recorriendo la red hasta que por fin alguien subió un vídeo donde se veía un ordenador explotando en una conferencia en Japón. Millones de personas vieron el vídeo en la red, y de esta forma se consiguió finalmente que Dell ordenara la recogida de producto más masiva jamás realizada en el sector de la electrónica de consumo y emitiera unas embarazosas y avergonzadas disculpas.

Hay miles de historias como ésta, en las que Sindicatos de Clientes se han puesto al frente y han arrancado de las empresas el reconocimiento vergonzante de sus responsabilidades con un coste enorme para ellas. Usted probablemente tenga su propia historia. Lo más preocupante acerca de los Sindicatos de Consumidores es que, a diferencia de los otros sindicatos, usted no puede prescindir de ellos. Los Sindicatos de Clientes, por definición, están formados por sus clientes. ¿Cuánto tiempo cree que puede usted sobrevivir si prescinde de ellos completamente? Usted puede negarse a negociar con los sindicatos de trabajadores cuando le parezca, pero dar a entender que no está dispuesto a dialogar con sus clientes en los tiempos que corren es una postura absurda. Los sindicatos de trabajadores aportaban una cierta tranquilidad porque usted podía verlos, sabía quién formaba parte de los piquetes y por qué estaban allí. Podía entender sus exigencias, expuestas en sus pancartas. Los

Sindicatos de Clientes, en cambio, son amorfos; resulta difícil reconocerlos. Pero esto sólo significa que es mil veces más importante reconocer que están ahí y que hay que conversar con ellos. Sus clientes unidos tienen la capacidad de premiar sus aciertos con generosidad, pero también, aún con más probabilidad, de castigarle de manera brutal si se equivoca.

Una vez que usted haya aceptado esta dura realidad, es necesario que se plantee *cómo* va a colaborar con sus clientes, cómo espera que ellos colaboren con usted para crear Valor de por Vida a su lado. Piense en el siguiente ejemplo. Si analiza lo ocurrido en los últimos diez años, verá cómo los *reality shows* de la televisión y los diarios serios en papel han experimentado trayectorias dispares. Quizá no le guste, como a mí tampoco, pero es la realidad. Los *reality shows* han conseguido ofrecer lo que la gente quiere, de hecho lo que necesita: la participación en los contenidos que consume. Desde *Operación Triunfo* a *Gran Hermano*, los espectadores participan más y se sienten más identificados cuando tienen la impresión de que el destino del programa se encuentra en sus manos. Premian a los participantes que les gustan y castigan a los que no. Son al mismo tiempo veleidosos y apasionados. En su máximo apogeo, llegaron a seguir *Gran Hermano* más de cinco millones de espectadores, equivalente al 10 por ciento de los británicos. En una época con numerosos canales y con una audiencia fragmentada, es un éxito contundente. Empresas como Endemol, creadores de Gran Hermano, han ganado millones, sacando partido de estas tendencias. Es posible que *Gran Hermano* quizás esté de capa caída. Pero le aseguro que el fenómeno que venga a reemplazarlo será capaz de plasmar aún mejor estas tendencias y de ofrecer a los consumidores alguna fórmula todavía más emocionante para participar.

Los periódicos, por el contrario, parecen estar sufriendo una agonía mortal. Acostumbrados a una audiencia pasiva que no quería otra cosa que le suministraran lo que el *New York Times* definía como «todas las noticias que merecen ser publicadas», casi ningún diario ha sido capaz de adaptarse a un mundo en el que los consumidores quieren crear, colaborar y participar en lugar de limitarse a consumir. La inclusión de espacios para comentarios y foros al pie de un artículo no deja de ser un parche en una herida mucho más grande y acuciante. El paso de ofrecer los contenidos *online* de forma gratuita ha profundizado la hemorragia sin aportar contrapartidas editoriales. Diarios que antes estaban íntimamente ligados al paisaje de sus respectivas ciudades se ven ahora forzados a cerrar a un ritmo nunca visto, y sus problemas son evidentes. En un entorno en el que los consumidores quieren participar, colaborar y contribuir todo el tiempo, el problema de los periódicos serios es que no se han adaptado con la suficiente rapidez. Como diría Keynes, se han aferrado a sus viejas ideas durante demasiado tiempo. Sus clientes disponen ahora de cuatro elementos que han alterado definitivamente el equilibrio de poder en todas las relaciones comerciales: *información*, *opción*, *poder* y *control*. Van a emplear estas armas para generar sus propias modalidades de Valor Único mediante la colaboración y la participación. Usted no puede ofrecerles esto, porque ya lo tienen. Es necesario que acepte esta realidad, la gestione y plantee algún medio para aprovecharse de ella.

Información

Usted debería hacer pública y compartir todo tipo de información acerca de quién es y lo que hace. Si no, lo hará un competidor suyo, en condiciones desventajosas para usted. ¿De qué otra manera pueden sus clientes conocerle lo suficiente para ayudarle a crear valor? Sus clientes tienen el mando, y quien tiene el mando suele querer toda la información para poder tomar decisiones. El gran teórico y observador de la colaboración Don Tapscott, en su libro *Wikinomics*, narra un caso extraordinario de cómo se puede compartir la información de una empresa de una forma nueva, valiente y muy creativa, y de hecho también muy rentable. En el libro cuenta cómo al exponer la información y al permitir la colaboración externa, la empresa minera Gold Corp logró generar enormes ganancias. Hace unos años esta organización era incapaz de encontrar nuevos yacimientos. Nada parecía funcionar y su suerte, y la de su cotización, parecía estar echada. Hasta que dio con una solución radical. Hizo pública su información más delicada (mapas, prospecciones geológicas, etc.) y ofreció una recompensa a quien le ayudara a encontrar nuevos yacimientos de oro. Esto podía parecer un suicidio comercial. Todo el mundo tenía acceso a esa información, incluidas las empresas de la competencia. Y, sin embargo, con la ayuda de la sabiduría colectiva externa a la empresa, incluidos sus clientes, Gold Corp pudo incrementar sustancialmente sus hallazgos y, con ellos, el valor de sus acciones. La empresa transformó su información en participación y colaboración y, consiguientemente, en un éxito comercial. En el camino, desarrolló unas relaciones de enorme valor con la comunidad a la que servía. La minería parece un sector de la vieja escuela. Esto es precisamente lo que hace tan interesante esta historia. Con independencia del sector en el que usted esté, y de lo difícil que piense que resulta la colaboración en su caso, ¿cómo está actuando en relación con la comunidad con la que se relaciona?

Opción

La opción otorga a la gente una libertad enorme que le permite ser muy promiscua y abandonarle a usted mañana mismo para irse con su competencia. La cantidad de información disponible hoy en día refuerza tremendamente esa libertad. Nada consigue transmitir con mayor claridad la importancia de las relaciones de tú a tú con el cliente que esta perspectiva. Todos los que trabajan con y para usted deberían estar obsesionados con esta realidad. Lo que la gente piensa y dice de usted es ahora más importante que nunca. El boca oreja y la reputación son más relevantes que la publicidad. Usted tiene que obsesionarse con esta realidad. Piense en el nivel de información sin parangón que proporciona a los clientes de cualquier lugar una crítica escrita acerca de su producto o servicio por un usuario, y el impacto que puede tener, mayor que cualquier inversión en publicidad que se pueda plantear. Este tipo de comentarios han cambiado la forma de tomar decisiones en muchos sectores y para muchos productos. Piense en los viajes. Cuando hace una reserva de hotel, ¿cuántas veces consulta los comentarios en TripAdvisor? Cuando reserva una mesa en un restaurante en una ciudad que no conoce, ¿mira lo que dice TopTable o una guía Zagat? Es cierto que quizá deba valorar esos comentarios con cierta precaución, pero es seguro que los lee; ¿cuándo fue la última vez que reservó un hotel o un restaurante que hubiera recibido unas críticas unánimemente negativas por parte de todos los clientes? ¿O cómo se siente cuando ve reforzada su opción por parte de docenas de personas que confirman su grata experiencia? Con tantas opciones que otorgan a la gente una enorme libertad, usted debe ser consciente de la cantidad de alternativas que se les abren a los clientes a los que no les guste lo que usted hace y lo fácil que resulta para ellos encontrar información acerca de esas otras opciones. En un mundo lleno de opciones, las relaciones son lo único que hará que sus clientes vuelvan otra vez.

Poder

Los Sindicatos de Clientes adquirirán un poder enorme en el futuro próximo, mucho más del que ya tienen hoy en día. ¿Cómo puede usted, un líder empresarial en estos momentos revolucionarios, transferir al menos algo de ese poder a sus clientes antes de que ellos se lo tomen por su cuenta? Dado que estamos hablando de poder, quizás un ejemplo de la política resulte pertinente aquí (la palabra «ciudadano» puede ser reemplazada por la palabra «cliente» casi siempre a lo largo de todo este apartado).

Uno de los aspectos más comentado e innovador de la victoria de Barack Obama en las elecciones presidenciales de Estados Unidos de 2008 fue su aparente forma de otorgar todo el poder posible a sus seguidores de base. Obama conquistó más poder para él mismo gracias a esto. Al permitir que sus seguidores colaboraran y participaran, reforzó las relaciones recíprocas, creando un valor enorme. En el estado de Ohio, por ejemplo, los organizadores de la campaña les dieron a los granjeros las plantillas para que pintaran en sus graneros el logo de la campaña de Obama. Lo hicieron ellos mismos, y resultó ser una acción que delegaba el poder en las bases, lo que contribuyó a crear una estrecha relación entre Obama y los votantes que le apoyaban en las zonas rurales de Ohio, algo de enorme importancia en un estado tan disputado.

De igual forma, se abrió una página con una red social que no sólo permitía a sus seguidores interactuar con la campaña, sino también entre ellos, en todo el país. ¡Se dice que llegaban a enviar correos electrónicos a casi trece millones de personas cada día! Los receptores de los mensajes asumían de esta forma un poder enorme, creando un gran valor para la campaña, porque se sentían incluidos, informados y, por lo tanto, con poder. Este nuevo enfoque significó el fin de una forma de hacer campaña que se había venido empleando en Estados Unidos y en todo el mundo hasta entonces. Se acabaron los días en los que una campaña se organizaba en torno a un reluciente autobús y a una maquinaria de relaciones públicas embaucadora y controlada de arriba abajo, preparada para emitir el mensaje del día y las noticias del candidato. A partir de ahora, si un candidato no está dispuesto a delegar un poco de su poder en sus seguidores, la realidad es que es poco probable que éstos le den mucho a cambio.

Si usted es un líder empresarial y todo esto le parece muy alejado de la forma en la que usted se relaciona con la gente que consume sus productos o usa sus servicios, debería empezar a preocuparse. Al fin y al cabo, Obama es un político, y siempre se ha considerado que los políticos asumen este tipo de ideas sólo años después de que ya formen parte del vocabulario de los negocios o de la mentalidad de gran parte de la población. Cuando el Nuevo Partido Laborista ganó las elecciones en el Reino Unido en 1997, en parte gracias al uso de oscuras técnicas de manipulación política, lo único que estaban haciendo era aplicar un enfoque de las relaciones públicas que la mayoría de las empresas dominaba ya desde hacía años. Si las campañas políticas están descubriendo ahora los efectos que tiene repartir el poder, ¿usted por qué no? Si este tipo de tácticas ayudaron a Obama, partiendo de la nada, a ganar unas elecciones, ¿qué es lo que no podrían hacer por su negocio? Recuerde que los clientes del futuro, los ciudadanos del futuro y los empleados del futuro todavía no disponen de dinero para gastar, y por lo tanto quizá le resulte difícil averiguar lo que quieren y lo que aprecian. Sin embargo, estamos frente a una generación que ha crecido con Internet como algo natural y que dan por supuesto que cuentan con todas las opciones y con todo el poder.

Control

Tiene mucho que ver con el poder, pero dista bastante de ser la misma cosa. Sus clientes ya tienen el control para siempre. Usted puede escoger: les puede hacer sentir que mandan y aprovecharse de ello, o puede observar cómo le abandonan para irse con otro que sí lo hace.

A no ser que disponga de un monopolio en su sector, su relación con sus clientes será por naturaleza asimétrica: ellos pueden abandonarlo a usted, pero usted no puede hacer lo mismo con ellos con tanta facilidad. Es posible que piense que dispone de más medios y de más dinero que cada uno de ellos por separado, y quizá sea cierto. Pero cuando los clientes se reúnen y se dan cuenta del control que tienen, el verdadero equilibrio del poder queda muy claro.

Me gustaría emplear otro ejemplo de la política para demostrar la gran importancia adquirida por el control de los clientes y de los ciudadanos en la era de la información. Piense en la elecciones españolas de 2004. A lo largo de toda la campaña parecía que el Partido Popular (PP), en el gobierno, ganaría con facilidad. Cuando se produjo un atentado en un tren de cercanías en Madrid el 11 de marzo, tres días antes de las elecciones, el Gobierno se apresuró a apuntar hacia el grupo separatista vasco ETA como culpable. Pero los españoles sospechaban y eran escépticos. La mayor parte de las pruebas señalaban hacia el terrorismo islámico. Los denodados e interesados intentos del Gobierno por pasar por alto estas pruebas y seguir atribuyendo la responsabilidad a ETA se volvieron sospechosos a los ojos del electorado, que se temía que el atentado era en realidad responsabilidad de los islamistas, como revancha por la participación y el apoyo a la guerra de Irak decidido por el Gobierno del PP. En cuestión de tres días se alteró para siempre el curso histórico de un país. Los votantes españoles, utilizando la libertad y el poder de los teléfonos móviles, se apoderaron de la situación. Se organizaron manifestaciones por todo el país con gran rapidez para exigir información acerca de la investigación. Este malestar movilizó a grupos de electores que no tenían intención de acudir a las urnas, y que quizá nunca habían votado. Tomaron el control y ejercieron el voto con la intención de castigar al PP por lo que ellos pensaban que era un engaño. El 14 de marzo el PSOE, que estaba en la oposición, se aupó con el poder. Ésta es la fuerza que tienen los ciudadanos cuando saben que tienen el control. ¡Si los ciudadanos están asumiendo el control, esté alerta! Sus clientes también lo están haciendo.

Aquellas empresas que no se dejen intimidar por el poder de los clientes y que estén dispuestas a colaborar permanentemente con ese poder para crear mejores productos y servicios en beneficio de su interés comercial serán las que triunfen. Por ejemplo, en el Reino Unido, Carphone Warehouse empezó a publicar las quejas de sus clientes en su página web para dejar claro públicamente su compromiso con la transparencia y la responsabilidad. A nivel global, la empresa Bazaarvoice ha creado todo un sector nuevo que proporciona la tecnología necesaria para gestionar las críticas de los clientes.[3] Samsung Electronics, que emplea los servicios de Bazaarvoice, ha reconocido que esa apertura con sus clientes ha influido enormemente en el funcionamiento de toda la empresa. Por ejemplo, cuando los comentarios de los clientes empezaron a indicar que el primer modelo de televisión de pantalla plana resultaba demasiado ancho para los muebles convencionales, la empresa se vio obligada a cambiar la localización de los altavoces en sus versiones más grandes. La agilidad del proceso de recogida de críticas permitió que la empresa respondiera con rapidez, lo que evitó que se quedara relegada en el mercado. Estas empresas dispuestas a establecer un diálogo y a responder a sus clientes son las verdaderamente inteligentes.

En el futuro, en la batalla revolucionaria con los clientes, es probable que se luche tanto por su *atención* como por su *cartera*. Independientemente de la parte del mundo donde esté leyendo esto, si usted vive en una ciudad o ha visitado una no hace mucho, entenderá a lo que me refiero. Cuando emplea una escalera mecánica en una estación de metro, se encuentra con pantallas que van emitiendo anuncios mientras usted sube. Cuando espera en una estación o en un aeropuerto, otras pantallas mucho más grandes le bombardean con más anuncios, noticias y chismorreos. Casi todo el mundo dispone en sus teléfonos móviles de acceso a Internet o incluso a la televisión. En cuestión de meses, o como mucho de años, las pantallas permitirán que la publicidad de las revistas

---

3. *The Financial Times*, jueves, 3 de septiembre de 2009.

incluya inserciones de vídeo. Yo llamo a esto la Vida en un Cine Permanente. A nuestros abuelos, la idea de ver imágenes animadas en un televisor en sus hogares les podía parecer revolucionaria, pero hoy en día la imagen en movimiento nos acompaña permanentemente, difuminando los límites entre la realidad vivida y la proyectada. El cine solía consistir en una pantalla gigante inmóvil, que mostraba películas supertaquilleras cuidadosamente creadas por Hollywood para cautivar a sus audiencias. Ahora, el cine es parte de nuestro entorno cotidiano; es algo que observamos y en lo que participamos durante la mayor parte de casi cada día. La capacidad de prestar atención se está acortando, y se necesita ser cada vez más ingenioso para que la gente fije su atención. Esto está en el centro de la creación de relaciones únicas con los clientes.

Éste es el reto al que usted, como líder de su empresa, se enfrenta. Esto es lo que tendrá que gestionar una vez que haya acabado la lectura de este libro. ¿Cómo va usted a responder al poder de los Sindicatos de Clientes? ¿Cómo va a ofrecer a sus clientes, de los que depende a diario, más información, opciones, poder y control? ¿Cómo va a conquistar su cada vez más escurridiza atención? Quizá le resulte tranquilizador pensar que YouTube, Facebook, Twitter, etc., son cosas para los niños. ¡Olvídelo y espabílese! Esos «niños» son sus futuros clientes, y el futuro está aquí. La forma en la que les transfiera poder y les ayude a crear valor con usted determinará su capacidad para triunfar a largo plazo. Prepárese para el mañana reconociendo que la revolución ya ha llegado.

5

Acérquese, afine, prepárese

Su mayor competidor es su propia visión del futuro. ¿Cómo será la era posterior a la recesión? ¿Cómo serán sus clientes? ¿Cómo se comunicará con ellos? ¿Cómo se comunicarán ellos con usted? ¿En quién confiarán sus clientes? ¿Qué valorarán? ¿En qué consistirá el valor? ¿Cómo preparará a su equipo para todo esto? ¿Cómo preparará a su empresa? ¿Cómo se preparará usted?

Charles Darwin dijo una vez:

No es la especie más fuerte o la más inteligente la que sobrevive. Es la que mejor se adapta al cambio.

Esta afirmación hecha por Darwin en el siglo XIX acerca de la naturaleza tiene un gran significado en la época posterior a la recesión, y posee una aplicación directa para usted, sus colegas, su empresa y, por supuesto, sus clientes. En línea con el pensamiento de Darwin, yo he llegado a la conclusión de que la inteligencia ya no representa una ventaja competitiva a la hora de dirigir un negocio. Quizá le parezca una afirmación muy radical. Si es así, piense en la gran cantidad de personas realmente inteligentes que consiguieron poner la economía al borde de la catástrofe. Piense en la cantidad de individuos muy inteligentes que usted conoce y que en sus vidas no han sido capaces de adaptarse a las exigencias de las nuevas situaciones. Cuando contrate a alguien hoy en día, quizá no debería valorar tanto su inteligencia como su capacidad de adaptación al cambio. Éstas son las transformaciones a las que usted tiene que enfrentarse para ser alguien en el siglo XXI.

Su capacidad para desarrollar y mantener relaciones con los clientes, crear Valor Único y, por lo tanto, Valor de por Vida en el periodo posterior a la recesión, estará ligada a su capacidad para comprender, adaptarse y responder a las demandas de sus clientes. No a las de hace dos años o cinco —el mundo se mueve a tal velocidad que probablemente ya carezcan de sentido—, sino a las de este momento, a lo que ellos quieren ahora, que será muy diferente como consecuencia de la recesión. Usted no puede basarse en suposiciones. Tiene que estar seguro de lo que hace. La única forma de conseguirlo con éxito es acercándose a sus clientes mucho más de lo que nunca creyó que sería posible. Su Revolución de las Relaciones dependerá de su persistencia para conseguir este objetivo.

Al estar más cerca, podrá *afinar* mejor lo que desea ofrecer y estar *preparado* para el éxito en la época posterior a la recesión. Para esto no es necesario entender complicados modelos de negocio. De hecho, pocas facetas de los negocios lo exigen. Durante mi ejercicio profesional jamás he contratado a un consultor que me presentara una matriz o un modelo de negocio. Cualquiera puede emplear esos modelos y alcanzar resultados mediocres. En su lugar, yo siempre pedía a los consultores que aportaran ideas nuevas basadas en el sentido común. Parte de la simplicidad de este libro y de su mensaje reside en el sentido común que hay en él.

La recesión ha alterado lo que la gente valora. Únicamente esta frase debería impulsarle a usted y a sus compañeros a plantearse cambios estructurales y estratégicos en la forma de operar en su negocio. ¿Está lo suficientemente cerca de sus clientes como para comprender lo que esto significa? ¿Qué puede hacer para acercarse más? Esta recesión ha convertido a la gente en más escéptica, enojada, dubitativa, ansiosa y resentida. Como consecuencia, todos los políticos del mundo están bajo presión. Usted también. ¿Está lo suficientemente cerca de sus negocios como para comprender la forma en la que su comporta-

miento afectará a su empresa? Es su responsabilidad aproximarse todo lo que legalmente pueda a sus clientes para saber con exactitud lo que quieren. Sólo así podrá afinar mejor a la hora de

Su mayor competidor es su propia visión del futuro

ofrecer lo que esperan de usted los clientes. Séneca, el famoso filósofo romano, dijo: «La suerte es lo que llega cuando la preparación se encuentra con la oportunidad». Prepárese ahora, introduzca los cambios necesarios para redirigir su enfoque hacia el desarrollo y el mantenimiento de sus relaciones con los clientes, haciendo todo esto bien, y no limitándose a suponer, sino sabiendo a ciencia cierta lo que hace. Sólo esto le permitirá crear un Valor Único que implique Valor de por Vida para usted y sus clientes. ¿Cuánta proximidad implica la máxima cercanía? Dé un paseo por las calles más comerciales de su ciudad. Fíjese en los ejemplos que vea. El encargado del kiosco sabe qué revistas y diarios quieren sus clientes y no dispone de un *software* de gestión de relación con los clientes para recordárselo. El carnicero conoce a las personas que entran en su tienda, sabe el tipo de carne que desean para una cena especial y siempre lo tiene a su disposición. El encargado de la tintorería recuerda con precisión qué día debe tener lista la ropa que usted le dejó. Piense en su asesor financiero, o en su médico, personas que están siempre ahí, disponibles. En un entorno en el que las empresas parecen demasiado grandes, demasiado globales, demasiado impersonales y demasiado desorientadas, estos pequeños ejemplos de proximidad comercial suelen pasar desapercibidos, pero en mi opinión constituyen la auténtica sangre vital para cualquier economía del mundo y quizá sean también los mejores ejemplos de lo que esa cercanía implica en su propia vida. ¿Cómo podría usted aprender de ellos, parecerse más a ellos a la hora de conocer a sus clientes, sus necesidades y deseos? Probablemente no pueda copiar exactamente lo que ellos hacen, pero sí puede inspirarse en su espíritu.

Para darse cuenta del peligro que implica no estar cerca de sus clientes, no necesita más que fijarse en uno de los inventos de la era de la información más denostados y ridiculizados: las centrales de llamadas o servicios de atención telefónica. Cuando hablo sobre atención al cliente ante un gran auditorio en cualquier lugar del mundo, suelo provocar cierta participación de una forma bastante previsible. Es el momento en el que pregunto a la audiencia: «Por favor, levante la mano si lo que más desea cuando llegue a su casa es llamar a una central de llamadas». A lo largo de todos los años que llevo impartiendo charlas, nadie, en ningún lugar del mundo, ha levantado la mano. ¡Por supuesto que no! Este tipo de servicios es quizás el ejemplo más extremo de cómo el empleo de la tecnología puede generar distancia y frustración, en lugar de crear proximidad y satisfacción entre las empresas y sus clientes. Y con cada nuevo avance tecnológico, la atención telefónica parece empeorar en lugar de mejorar. ¿Cómo hemos podido llegar a este desastre? Todo el mundo detesta tener que apretar un botón detrás de otro. Todo el mundo odia la ridiculez que implica la robotización de la voz. Todo el

Los servicios de atención telefónica son quizás el mayor ejemplo de cómo la tecnología puede generar distancia y frustración... entre los clientes y las empresas

mundo desprecia las consabidas fórmulas que los empleados de los servicios de atención telefónica se ven obligados a repetir como loros cuando tienen que responder a un problema o a una anomalía. Casi todo el mundo, cuando se tiene que enfrentar a esta situación tan frustrante, acaba repitiendo la misma frase: «Yo sólo quisiera hablar con una persona de carne y hueso». La gente quiere simplicidad y rapidez, y un servicio a la velocidad de la vida, de su vida.

Casi todo el mundo que usted conoce podrá contarle alguna anécdota acerca de su peor experiencia con un centro de atención telefónica, ya sea con un sistema de reconocimiento de voz que se colapsó ante un tipo de acento particular, o con una persona en la otra punta del mundo que no entiende nada de la logística del viaje en tren que usted desea reservar. ¡Atención! Ésta es precisamente la sensación que tienen sus clientes cuando se encuentran en una situación parecida al tratar con su empresa. El hecho de que muchas compañías se jacten de emplear exclusivamente servicios de atención telefónica locales es sólo un triste síntoma del extremo al que han llegado las cosas. El problema no es la subcontratación del servicio, sino su automatización, y cómo afecta a las relaciones, y por ende al valor para el futuro. Además, las empresas que emplean esos servicios desperdician todo lo que podrían aprender acerca de sus clientes, de sus necesidades, deseos y valores; una información que es pasada por alto por unos empleados que en muchos casos saben muy poco acerca del funcionamiento real de la empresa a la que supuestamente sirven. Si su empresa emplea un centro de este tipo, ¿cuál es su coste en cuanto a la información perdida? ¿Podría usted ponerle un precio a todo el conocimiento y la información que se evapora entre las líneas telefónicas de todo el mundo?

La recesión ha alterado lo que la gente valora

Acercarse a su cliente no es mantener una relación esporádica con él. Se trata de una relación que debe tener la capacidad de durar toda una vida. Así de cerca. Lo suficiente como para saber mejor que su competencia lo que la gente quiere, por qué lo quiere y cómo dárselo.

Afinar mejor es la clave para transformar esa cercanía en resultados económicos tangibles para su empresa. No intuya lo que sus clientes quieren. Averígüelo. Por favor, no piense que con esto me estoy refiriendo a los «grupos de discusión». No me refiero a eso. Por lo general, el grupo de discusión es un método erróneo y anticuado para recoger información sobre sus clientes y tener una idea de cómo le valoran a usted. Con frecuencia, los grupos de discusión trasladan la responsabilidad de recoger esa información fuera de la empresa, e implican una dejación a la hora de reaccionar sobre los resultados, o de encargarse directamente de obtener esa información desde dentro mediante la relación cotidiana con los clientes. De hecho, los grupos de discusión crean distancia cuando deberían generar proximidad. Cualquiera puede dedicarse a recopilar información. Esto no le hace más inteligente. Lo que de verdad le permite afinar mejor es su forma de adaptarse al conocimiento que ha obtenido.

Esto es lo que implica realmente ser una Organización que Aprende. No se trata de la formación, sino de ser una empresa obsesionada en aprender de sus clientes cada día y en adaptar sus productos, servicios, valores y sistema de trabajo a aquello que van aprendiendo. Las auténticas organizaciones que aprenden comparten sin barreras su conocimiento, responden con apertura a esta información y aplican con prontitud este conocimiento a todo lo que hacen.

Igual que el cliente pasivo es una especie en vías de extinción, el empleado pasivo también lo es. La inteligencia y el aprendizaje implican saber cómo compartir este «capital intelectual del cliente» diseminándolo para recibir más a cambio y respondiendo a las necesidades de sus clientes con medidas concretas que ofrezcan respuestas. Este libro trata en esencia del valor, y su capacidad para generar valor dependerá de su disposición para desarrollar plataformas viables tanto para sus clientes como para sus empleados que les permitan generar ideas que potencien y apoyen las relaciones. Aquí reside la consecuencia práctica de asumir que sus clientes tienen el control. La colaboración tiene que desarrollarse en todas las direcciones, disciplinas, compañías y jerarquías. Los líderes empresariales de hoy en día se enfrentan a una «tormenta perfecta» provocada por dos impulsos simétricos: sus clientes y sus empleados les exigen nuevas plataformas dinámicas para la comunicación, la colaboración y la participación.

En mi opinión, el mejor ejemplo de este tipo de cercanía, precisión y colaboración es el modelo de negocio diseñado por eBay a lo largo de los últimos quince años en los que ha funcionado como la casa de subastas *online* del mundo entero.

Cuenta la leyenda que el primer objeto vendido en eBay fue un apuntador láser roto. Pierre Omidyar, el fundador de la empresa, contactó sorprendido con el comprador para preguntarle si sabía que estaba roto. La respuesta fue: «Soy coleccionista de apuntadores láser estropeados». Este tipo de cercanía con el cliente permite detectar demandas que de otra manera hubieran pasado desapercibidas. Hoy en día, el sencillo modelo de negocio de la empresa, con presencia desde Argentina hasta Vietnam, le ha permitido conservar esta cercanía una y otra vez. Y, sin embargo, toda esta proximidad no tendría ningún significado si la empresa no fuera lo suficientemente inteligente como para emplearla en crear más demanda. La sección de «Lo más popular en eBay», por ejemplo, proporciona información en tiempo real acerca de lo que está de moda en la página, las palabras más buscadas y cuáles son las tiendas *online* más grandes. En diferentes etapas, la empresa ha utilizado paneles de discusión, blogs, wikis y chats para profundizar la inteligente colaboración que tiene con sus clientes, tanto compradores como vendedores. La relación que eBay tiene con ellos se parece a la de unos padres comprensivos con sus hijos: dispuestos a dejarles hacer, a observarlos con satisfacción, a aprender de ellos, pero preparados para intervenir al menor indicio de problemas o de algo ilegal. A pesar de algunas dificultades económicas, eBay sigue siendo una prueba de que la cercanía y la precisión salen realmente a cuenta.

Es probable que usted haya empleado los últimos meses tratando de decidir qué recortes realizar como resultado de la caída de ventas, los problemas con el *cash flow* y la escasez de recursos. Quizás haya pasado muchas horas en el despacho, y sin poder dormir por la noche, dándole vueltas a si había tomado la decisión adecuada sobre qué recortar, dónde, con qué profundidad y hasta cuándo. ¿Cuál era su objetivo, más allá de la rentabilidad? ¿Cuáles serán las consecuencias a largo plazo de las decisiones que ha tomado? ¿Le dejarán en mejor posición para la etapa posterior a la recesión? ¿Responden esas soluciones al objetivo de base de reducir la burocracia? Y si no es así, ¿por qué no? Si no ha introducido un recorte profundo en la burocracia, la proximidad con sus clientes y el poder de afinar con precisión su oferta se quedarán, con toda probabilidad, en poco más que en unos bonitos sueños.

Usted habrá malgastado completamente esta crisis si no ha intentado localizar, atacar, arrancar y eliminar sin piedad la burocracia de su organización. La característica más terrible de la burocracia es que jamás contribuye a que una relación tenga más éxito. La burocracia, allá donde existe, levanta barreras entre la organización y el mundo exterior, e incluso entre las personas y los objetivos dentro de la organización. La gente detesta la burocracia y piensa que es un gran mal, tanto en las empresas como en los gobiernos. ¿Cuándo fue la última vez que escuchó decir a alguien que quería más burocracia? La palabra que suele acompañarla con más frecuencia es «pesadilla». Se encarga de complicar la vida, cuando lo que la gente quiere es simplicidad. Ralentiza las cosas, cuando lo que la gente quiere es rapidez. Despilfarra el tiempo y el dinero, cuando lo que usted necesita, más que nunca, es eficacia. Hace que usted sea menos próximo, afine menos y esté menos preparado.

Creo que en el futuro la gente interpretará esta crisis, al menos en parte, como una crisis de la burocracia. Capas y capas de burocracia impidieron que nos diéramos cuenta de lo cerca que estaba el sistema financiero del precipicio. Los responsables de las grandes instituciones financieras estaban tan distanciados de los riesgos del mercado por niveles de burocracia entre ellos y los analistas y técnicos que tomaban las decisiones, que la crisis les llegó por sorpresa. Un estudio del Advanced Institute of Management Research de 2009[4] confirmó esta conclusión, poniendo de manifiesto que estos niveles de burocracia en los bancos hicieron posible que los ejecutivos tomaran enormes riesgos sin asumir la correspondiente responsabilidad. Este estudio defiende que sólo la personalización de la gestión del riesgo —estando cerca de él y afinando más— traerá una recuperación real y duradera. Una de las recomendaciones del informe es que, como un factor para la recuperación, los bancos deben desarrollar una información de calidad y evitar situaciones en las que la persona que toma las decisiones esté demasiado alejada de la acción como para no sentirse responsable de ella. Por contraste, el informe cita el cohesionado e implicado equipo directivo de JP MorganChase, cuya cercanía le permitió detectar los problemas ya en 2006 y reducir su exposición a las hipotecas *subprime*, por lo que pudieron salir de la crisis financiera en su mayor parte indemnes. Sólo cuando la burocracia muera, volverá a revivir la economía.

Tan pronto como le sea posible, con la máxima urgencia, debería reunirse con sus colegas y reflexionar para determinar con precisión y claridad su objetivo, qué partes de su burocracia atacar y por dónde seguir recortando costes en relación con esa burocracia. Si tiene que recortar, hágalo con alguna razón; haga suyo ese objetivo. Observe de nuevo todas las estructuras y estratos que usted da por supuestos, y reflexione sobre cómo entorpecen su actividad. Resultará un ejercicio duro y doloro-

---

4. www.aimresearch.org (21 de septiembre de 2009).

so, pero las consecuencias de no hacer nada serán con toda seguridad mucho peores.

El polo opuesto de la burocracia es el apoderamiento. Sin embargo, se trata de una palabra por lo general malinterpretada y mal empleada en el lenguaje de los negocios. Tradicionalmente, se suele entender que el apoderamiento implica dar algo (poder) a alguien. No es así. Al contrario, se refiere a quitar algo. Se trata de suprimir el miedo y la burocracia del proceso de toma de decisiones. La libertad que la gente identifica con el apoderamiento surge como consecuencia de esta supresión. La libertad no es otra cosa que no tener miedo, disponer de la capacidad para tomar decisiones sin las limitaciones que impone la preocupación por las implicaciones burocráticas que pudieran tener y empujar la empresa hacia delante. ¿Qué piensa hacer para eliminar las barreras de la libertad y animar a las personas que trabajan con y para usted a tomar sus propias decisiones con más frecuencia?

Quizás el ejemplo reciente más famoso de cómo un modelo original de negocio de una empresa redujo con éxito la burocracia y las barreras con sus clientes sea la empresa de ordenadores Dell. Michael Dell dijo que «desde el principio siempre me preguntaba: ¿cuál es la forma más eficiente para conseguir esto?» Dell pensaba que la respuesta estaba en la cercanía con el cliente, y desde los inicios fue capaz de eliminar casi todas las formas de burocracia, incluso antes de que se implantaran. Un excelente ejemplo de cómo esta empresa conseguía ser más cercana y atinada fue el hecho de que obligara a sus vendedores a montar sus propios ordenadores. Dell afirma que no alberga ninguna duda de que esto no era bien recibido, pero opina que le daba a la gente que estaba en primera línea comercial un conocimiento directo de la experiencia de un cliente común. De esta forma podían vender y defender los productos, ayudando a sus clientes a tomar decisiones con fundamento sobre qué comprar. En 2007, y como consecuencia de los decepcionantes resultados tras su marcha, Michael Dell regresó a la compañía como consejero delegado y comunicó en un correo a su equipo que tenían un «nuevo enemigo: la burocracia». Llegó al extremo de señalar que éste era el principal problema de le empresa, con el convencimiento de que la burocracia se había infiltrado y estaba robando la energía y la fuerza de la empresa que él siempre había dirigido. Para cumplir su promesa, a lo largo de estos años tras su vuelta, Dell ha ido eliminando capas de burocracia de gestión superfluas, reduciendo casi a la mitad el número de personas que se entienden directamente con él. A pesar de que la empresa todavía está atravesando una situación bastante difícil, por el momento parece que las medidas de Dell están consiguiendo los resultados dinamizadores que buscaba.

En un nivel más local, la exitosa y conocida cadena de reparación del calzado del Reino Unido Timpson ha logrado unos resultados bastante impresionantes al recortar la burocracia y dejar libertad a sus empleados para tomar decisiones por su cuenta. La cadena Timpson está en todas las calles comerciales del Reino Unido y se ha expandido más allá de sus orígenes relacionados con el calzado. Ahora también hacen llaves, arreglan relojes, graban placas y hacen letreros para las casas. Cada vez que Timpson absorbe una cadena de la competencia, lo primero que hace es eliminar el sistema de puesto de venta electrónico, que utilizan la mayor parte de las tiendas. Esto podría parecer una decisión reaccionaria desde el punto de vista tecnológico. De hecho, muchos empleados se sienten inseguros al no tener claro cómo se los valorará o qué deben hacer al no contar con la seguridad que les da el sistema electrónico del puesto de venta. En su lugar, Timpson ofrece una guía de precios, pero deja en las manos de los encargados la decisión sobre los precios últimos que pueden cobrar; esto significa que tienen la posibilidad de no cobrar nada por un encargo muy simple como arreglar una correa de un reloj, pero pueden cobrar más por encargos que resultan largos y dificultosos. El personal de Timpson tiene la facultad de hacer favores a sus clientes, o de tener detalles con ellos como permitir que alguien a quien le falta dinero para pagar algo lo haga más adelante.

Mantenerse cerca de los clientes es lo contrario de un ligue de una noche

En lugar de perseguir objetivos centralizados y estrictos, se valora cada tienda en función de un solo objetivo: los ingresos que realiza cada semana. La cercanía con sus clientes y las relaciones duraderas que establece con ellos son el ejemplo de un gran éxito.

Se ha demostrado que Darwin tenía razón. La supervivencia depende de la capacidad de adaptación. Las relaciones de éxito, en su empresa y en su vida personal, también dependen de esa misma capacidad. Eliminar de raíz la burocracia le permitirá tener una empresa más adaptable y estar más cerca de los clientes. De esta forma usted podrá afinar mejor a la hora de ofrecerles lo que realmente quieren en este momento, no lo que necesitaban hace unos años. Usted no demostraría mucha inteligencia si creyera que la recesión apenas ha cambiado las cosas. Espabile y prepárese para centrarse en lo que realmente le importa a la gente en la época posterior a la recesión. Ahora que empieza a ser un mal recuerdo, y antes de apretar el botón de reinicio, preste atención a estos sencillos mensajes. Todos estos elementos tienen que entrar a formar parte de un Objetivo Común que unifique e inspire su forma de pensar y, más importante, de actuar, y también la de sus colegas. Todo esto es parte de la revolución.

6

Cómo desarrollar
un Objetivo Común

Al igual que todas las revoluciones, la revolución de las relaciones personales tiene que ver tanto con el cambio como con la acción. Usted tiene varias opciones: puede limitarse a soñar sobre lo que fue y lo que podría haber sido, o puede decidir abandonar la nostalgia, la negación y la arrogancia y aceptar que actuar de forma decidida resulta indispensable en este momento tan decisivo. El auténtico liderazgo combina tanto la voluntad de ver como el coraje de actuar. Como en otras revoluciones, el éxito dependerá del compromiso, la solidaridad, el impulso decidido y la actuación sistemática de la gente que trabaja para usted y con usted, luchando para generar los cambios necesarios para sobrevivir en la etapa posterior a la recesión. Sin embargo, lo más importante de todo es el enfoque. El éxito no se basa en el tamaño, sino en el enfoque; un enfoque que sea claro, constante y que pueda incluir a todo el mundo, en cualquier lugar de su organización, independientemente de la jerarquía y de la geografía. Se basa en contar con el máximo número de personas en su organización trabajando juntas con un Objetivo Común.

Desde hace tiempo estoy convencido de que las organizaciones en realidad nunca cambian. Sin embargo, quienes sí cambian son las personas. Cambia su enfoque. Cambia aquello que para ellos resulta importante para alcanzar el éxito y garantizar su supervivencia. Cambian sus actos. Y en función de todo esto, otorgan o retiran sus apoyos. Empiezan en ese momento a ejercer su influencia sobre otras personas con mentalidades parecidas a las suyas, y juntos desarrollan una masa crítica suficiente que hace que el cambio sea inevitable. Seleccionan, gratifican y buscan la fidelidad de la gente a partir de ese Objetivo Común renovado. Es así como comienzan y se extienden las revoluciones, ya sean grandes o pequeñas, en la política o en la empresa. El cambio empieza por el individuo, siempre. Empieza por usted.

Las organizaciones no cambian nunca realmente. Las que cambian son las personas

Contar con personas que trabajen unidas en pos de un Objetivo Común puede resultar tan importante para su empresa en el corto y el largo plazo como su liquidez financiera. La única diferencia es que usted puede cuantificar esto último y no lo primero. El hecho de que usted no pueda poner en números el Objetivo Común sólo significa que debe ser doblemente vigilante sobre su presencia, sobre si está enraizado profundamente en su empresa, sobre si cuenta con una fuerza tangible entre la mayoría de sus colegas. No existen hojas de cálculo ni fórmulas que puedan ayudarle a medir todo esto, y es precisamente por esta razón por la que supone el reto más importante para cualquiera que desempeñe un papel de líder del tipo que sea en cualquier parte del mundo. Si su misión es alcanzar lo mejor, debe comprender que lo mejor es imposible de conseguir, y aún más difícil de conservar, sin un Objetivo Común definido, consensuado, identificable y comunicado de forma constante.

Estoy seguro de que a todos los lectores de este libro les habrá quedado absolutamente claro mi convencimiento de que el Objetivo Común más importante hoy en día es centrarse en el hecho de que las relaciones con los clientes serán el factor determinante a la hora de conseguir el éxito en la etapa posterior a la recesión. En realidad, he estado convencido de ello a lo largo de toda mi carrera, y de forma más sistemática en los últimos treinta y cinco años. ¿Hubo alguna vez un periodo en el que el éxito no descansara sobre el desarrollo y la conservación de las relaciones con los clientes? Todos los programas de fidelización del mundo nacieron con este propósito.

Piense en el reto que supone construir hoy en día un Objetivo Común cuando los centros de trabajo se han hecho, en gran medida, globales, móviles, temporales, subcontratados, se han desplazado a terceros países, funcionan con horarios parciales, el trabajo se realiza desde el hogar, siete días a la semana y, recientemente, prescindiendo de millones de trabajadores. ¿Cómo se puede «desarrollar», en un ambiente como éste, algo que sea capaz de centrar a la gente en torno a un Objetivo Común? ¿Qué clase de arquitecto y de arquitectura se necesita para una construcción de este tipo? ¿Cuenta usted con la paciencia y el estómago para dar los primeros pasos en la colocación de los primeros ladrillos? ¿Comprende los beneficios que obtendrá a cambio? ¿Se da cuenta de los costes de oportunidad de no plantearse esta acción? ¿Se encuentra la construcción de un Objetivo Común entre los cinco puntos más importantes que usted contempla para sobrevivir a esta recesión?

Yo conozco este tema porque ha sido mi propio empeño profesional. Tuve la suerte de trabajar en British Airways durante sus «años gloriosos», cuando era no sólo la línea aérea más rentable del mundo, sino también un icono del buen servicio al cliente. No fui yo quien puso en marcha esos impresionantes cambios de sistema de trabajo y financiero, sólo me limité a contribuir a reforzarlos en un momento determinado. Hubo muchas otras personas, demasiadas para poder nombrarlas a todas, que tuvieron un papel mucho más relevante a la hora de construir una línea aérea global de tanto éxito, dentro de un sector en el que es un milagro que una empresa sea rentable.

A finales de los setenta y principios de los ochenta, British Airways era una empresa controlada por el Estado, sobredimensionada, burocrática y en quiebra. Cuando yo me incorporé, la línea ya había experimentado una transformación considerable bajo el liderazgo de Colin Marshall y John King. En el momento en que dejó de ser una compañía centrada en su propia operativa para pasar a ser una empresa obsesionada por las relaciones con sus clientes y el servicio que les ofrecía, llegó a convertirse en la «línea preferida en todo el mundo». Hoy en día, a la vista de las calamidades que aparecen cada día en los medios de comunicación acerca de British Airways, todo esto puede parecer difícil de creer.

Pero a lo largo de más de una década, aproximadamente entre finales de los ochenta y el principio del nuevo siglo, esta obsesión de British Airways por el servicio contribuyó no sólo a que fuera la línea más rentable del mundo año tras año, sino mucho más que eso, a que pasara a ser un caso digno de estudio de cómo una empresa es capaz de defender con éxito su rentabilidad gracias a contar con un Objetivo Común centrado en el desarrollo y el mantenimiento de las relaciones con los clientes.

Mi participación en este proceso se concretaba en un esquema de formación llamado *Winning for Customers* [Triunfar por los clientes], el cuarto en una serie de programas corporativos de concienciación que se prolongaron a lo largo de un decenio, y que habían comenzado con el famoso e imitado *Putting People First* [Poner a la gente en primer lugar]. Entre 1992 y 1994, aproximadamente cincuenta y cinco mil empleados de British Airways participaron en *Winning for Customers*. Cada día más de cien personas procedentes de todo el mundo se reunían en Londres con una idea central: el papel que *todos* desempeñaban en la construcción y el mantenimiento de las relaciones con los clientes, con independencia de su puesto dentro de la empresa. Este programa tenía como objetivo conseguir que la fidelidad de los clientes fuera una parte del trabajo de todos, que esto pasara a ser el Objetivo Común y todos comprendieran su importancia económica. Los mensajes centrales del programa eran los siguientes:

- *Cumplir:* mantener una obsesión por el buen servicio en todo momento.

- *Recuperar:* aceptar rápidamente las responsabilidades cuando algo no funciona bien y solucionarlo.
- *Retener:* el éxito para todos está ligado directamente a la conservación de la fidelidad de los clientes.

Winning for Customers destaca todavía hoy como un ejemplo único de una empresa que decide que, si quiere que la fidelidad de los clientes sea una realidad, ésta *tiene que ser asumida por todos*: pilotos, responsables del *catering*, ingenieros, encargados de reservas, personal de cabina, de limpieza; todos y cada uno de ellos tienen que ser conscientes del impacto económico de la fidelidad de los clientes y de su responsabilidad individual a la hora de conquistarla. A lo largo de los tres años que se mantuvo el programa, a cada trabajador de la empresa se le hizo ver de una forma creativa el valor de por vida latente en cada relación con un cliente.

Winning for Customers se aplicaba sin limitaciones ni jerárquicas ni geográficas. Personas de todas las divisiones de la empresa y de todo el mundo participaban en estas actividades. Venían de Argentina y Japón, de Sri Lanka y las Bahamas, de Botswana y Estados Unidos, demostrando el carácter realmente global de la compañía. El simple hecho de transmitir a los empleados que la empresa se preocupaba lo suficiente de ellos y de su desarrollo como para desplazarlos hasta Londres para esta formación constituía un factor determinante para el éxito del programa.

Quizá *Winning for Customers* sea un ejemplo extremo de lo que una empresa puede hacer para construir un

Objetivo Común, pero profesionales de otras aerolíneas y de otros sectores venían de todo el mundo con el propósito de estudiar este modelo de programa corporativo de concienciación, porque lo consideraban el mejor ejemplo de cómo una compañía llega a trabajar para centrar a todo su personal en torno a un simple principio económico que, como consecuencia, redunda en beneficio del negocio. Mucha gente opina que *Winning for Customers* constituyó el programa de formación corporativa de más éxito de todos los tiempos en Europa. Este éxito

Perciba la formación con una inversión, no como un coste

debería servir para reforzar la conclusión de que iniciativas de este tipo suponen una inversión y no un coste.

Sin embargo, todo esto también representa una llamada de advertencia. En los últimos años se ha hablado con frecuencia de British Airways por todo menos por su éxito empresarial. Los medios de comunicación se hacen eco permanentemente de malas noticias relacionadas con problemas laborales, servicio de comidas suprimidos en los vuelos de corta duración y la reducción del personal de cabina. La empresa parece haber entrado en una batalla en la parte inferior del mercado, con la voluntad de competir por precio con las empresas de bajo coste, en lugar de trabajar sobre la base del desarrollo y el mantenimiento de las relaciones con los clientes para crear Valor de por Vida, proporcionando un servicio inmejorable. Ésta es otra gran lección en relación con el Objetivo Común: nunca se consigue del todo y el camino no se acaba jamás. Como líder, usted nunca puede relajarse y pensar que ya lo ha conseguido. La construcción de un Objetivo Común es un propósito permanente, para el que resulta más importante su capacidad para adaptarse que su inteligencia, y que le obliga a abandonar la arrogancia y la negación de la realidad. Ninguna revolución puede dormirse en sus laureles.

A lo largo de la mayor parte de este libro he reflexionado sobre la búsqueda permanente de valor en la etapa posterior a la recesión. El valor está en la cabeza de todos: sus clientes buscan valor y usted y sus colegas intentar crearlo en su empresa. Ha llegado el momento de establecer el vínculo entre la búsqueda universal de valor y los valores de una organización que determinan el pálpito y el carácter de su negocio. ¿Ha habido antes otro momento en el que los valores de su empresa hayan resultado más importantes que tras el colapso total de la confianza y la credibilidad provocado por la recesión? Los valores de una empresa son su ADN, su código genético. Dicen más de usted, de quién es y de sus prioridades que cualquier otra intención manifiesta. Los valores constituyen el nuevo libro de normas que todos en su organización deberán tener en sus cabezas y en sus corazones. A la hora de tomar cualquier decisión, la gente simplemente necesitará hacerse esta pregunta: ¿está en línea con los valores de la empresa? ¿Cuántas desgracias financieras se podrían haber evitado en los últimos dos años si esta actitud hubiera estado más extendida? Los valores de una empresa representan su brújula moral en

Ninguna revolución puede dormirse en sus laureles

el contexto de la globalización, y no olvide que ésta no ha desaparecido como consecuencia de la recesión.

Ajustar los valores de la empresa con los de cada individuo que trabaja en ella es una obligación ineludible. Innumerables estudios han puesto de manifiesto que los trabajadores no suelen fracasar en su trabajo por desidia, ignorancia o ni siquiera por corrupción. Fracasan porque sus valores no se corresponden con los de su empresa. Cuando usted decide contratar a alguien o evaluar a una persona que ya trabaja para usted, ¿qué hace para medir y determinar mejor esa correspondencia? ¿En quién recae esa responsabilidad? ¿Se comparte esta responsabilidad para garantizar que el proceso se hace bien? ¿Cuál es el coste de oportunidad de hacerlo mal? ¿Cuál es el perjuicio potencial si una pequeña parte de los empleados clave para usted deciden gestionar y tomar decisiones que no están en línea con los valores de la organización? Cuando se escriba la historia del reciente colapso financiero global, estoy convencido de que se centrará en esta disparidad.

Después de mi paso por British Airways, estuve los tres últimos años de mi carrera corporativa en Airmiles, una empresa de gestión de programas de fidelización controlada totalmente por British Airways. Cuando finalizó el programa *Winning for Customers*, me incorporé a Airmiles como director del servicio de atención al cliente. Se trataba de un paso lógico hacia un entorno enfocado completamente hacia la fidelización, y en muchos aspectos contribuyó a afianzar mis ideas sobre el significado del Valor de por Vida. Tras dieciocho meses como director del servicio de atención al cliente, fui nombrado director de personas y valores corporativos, pasando a ser la primera persona con un cargo y una función de este tipo en una organización europea. Esta decisión ponía de manifiesto la intención clara por parte de la empresa de redefinir la función de los recursos humanos. En este cargo pude poner en práctica mi profunda convicción de que los recursos humanos y la atención al cliente no son en absoluto cosas diferentes, sino que existen como un todo, y de que la capacidad para crear valor mediante las relaciones con los clientes está directamente relacionada con las personas a las que se contrata, cómo se las remunera y cómo se las retiene, y también con la necesidad ineludible de ajustar las acciones de las personas con los valores de la empresa.

¿Qué prioridad le atribuíamos nosotros en Airmiles al ajuste con los valores de la compañía? Considere por ejemplo nuestro proceso de Entrevistas Trinitarias. Se trataba del paso final en el proceso de selección para los niveles de supervisor en adelante. Se denominaban Entrevistas Trinitarias porque siempre implicaban la participación de tres directores de la empresa, incluyendo muchas veces al consejero delegado, que entrevistábamos a cada uno de los candidatos antes de aprobar su contratación. El único objetivo de estas entrevistas no era comprobar la experiencia de la persona, ni su inteligencia o aptitudes, sino intentar calibrar si estaba en línea con los valores declarados de la compañía. Si uno solo de los tres directores pensaba que no se daba esa coincidencia, nuestra norma era rechazar esa incorporación. Independientemente del talento, la experiencia o lo impresionante que resultara una persona, si teníamos la impresión de que no iba a conectar con los valores de la empresa, la rechazábamos. ¿Una ciencia imperfecta? ¿Una valoración puramente subjetiva? ¿Un último obstáculo brutal? Quizá. Y, sin embargo, sigo creyendo que estas Entrevistas Trinitarias representaban la formulación más palpable y seria que jamás había visto en toda mi carrera de la importancia otorgada a los valores en una empresa, y eran una manera de dotar de una nueva dimensión a lo que quiere decir concentrarse en un Objetivo Común.

Los valores de una empresa se pueden demostrar de muchas maneras. En ocasiones, estos valores se pueden y se deben adaptar, de igual forma que se adaptan los objetivos de una organización para afrontar nuevas realidades económicas; al fin y al cabo, el Objetivo Común es dinámico. Por ejemplo, a finales de 2007 Nokia anunció la adopción de unos nuevos valores corporativos que fueron el resultado de un proceso desde abajo hacia arriba en el que participaron miles de empleados. Los nuevos valores que Nokia estableció eran:

- Alcanzar juntos.
- Su participación.
- Pasión por la innovación.
- Muy humano.

Estos valores surgieron de la celebración de dieciséis actos internos llamados *Nokia Way* a los que asistieron casi dos mil empleados. Alrededor de cien personas, en representación de diferentes grupos de múltiples países y responsabilidades jerárquicas, asistían a cada una de esas reuniones. Estas discusiones resultaron únicas porque expresaron la voluntad de incluir el máximo número de personas en la determinación de unos valores con los que comprometerse y por los que trabajar. Representantes de todos los niveles y áreas geográficas tomaron parte en lo que hoy en día se considera un ejemplo clásico de inclusión a la hora de construir un Objetivo Común en una empresa global basado en los valores de la organización.

¿Cuáles son los valores de su empresa? ¿Son abstractos o son tangibles de alguna forma? ¿Serían la mayoría de sus colegas, en cualquier nivel jerárquico y lugar del mundo, capaces de expresar rápidamente cuáles son? ¿Constituyen la referencia por la que se juzgan las acciones de su gente? Los valores de una empresa y/o su Objetivo Común tienen que ser inequívocos. Tienen que repetirse una y otra vez. Tienen que ser protegidos. Tienen que formar parte de los criterios por los que se juzgue a cada persona. Tienen que incluirse en el proceso de selección. Tienen que ser centrales, estar presentes y llevarse a la práctica. Nunca se pueden delegar, de la misma forma que no se puede delegar la confianza. ¿Bajo qué circunstancias delegaría usted su confianza? ¿Bajo qué circunstancias delegaría usted sus valores? ¿Bajo qué circunstancias delegaría usted la construcción de un Objetivo Común?

En un mundo transparente, en el que resulta imposible esconderse, la ética de una organización forma una parte integral del Objetivo Común. La enorme lista de desastres éticos recientes es demasiado larga, y también dolorosa, para exponerla aquí. Simplemente basta con que quede claro que su ética determinará su destino, el de su empresa y el de su carrera. Usted no debería tener un director de ética en su organización, porque eso representaría circunscribirla erróneamente a un departamento determinado. El comportamiento ético está en la base de cualquier Objetivo Común y constituye una responsabilidad de todos.

El liderazgo ético se encontrará siempre en el corazón de la revolución de las relaciones personales. Ese liderazgo exige construir una Compañía de Ciudadanos en un ambiente de dignidad y confianza en toda la organización; construir una nueva arquitectura social, imprescindible en esta recesión, para la que los valores, la voluntad y el Objetivo Común son elementos centrales. Todas estas cosas no se pueden subcontratar como se ha hecho con tanta frecuencia durante estos tiempos, movidos por la obsesión en cuanto al ahorro de costes. Hacerlo supondría poner en peligro todos sus objetivos, reducir su credibilidad y vender su alma. Sin un Objetivo Común definido y propio, basado en unos valores corporativos claramente asumidos, usted no podrá atraer gente con talento en el futuro, perderá a las personas más preparadas y su caída se acelerará.

En el corazón de la Revolución de las Relaciones debe existir una exigencia de liderato ético

7

El talento, tan precioso como el petróleo

Lo más valioso es lo más escaso: el oro, los diamantes, la plata, los rubíes, el platino, las esmeraldas, los zafiros... y el petróleo. No hay ninguna economía en el mundo que dependa completamente de las piedras preciosas o de los metales, pero en cambio sí dependen en gran medida del petróleo. Todas las economías, todos los Gobiernos y todas las empresas del mundo, incluida la suya, son totalmente dependientes del talento. Es algo extraordinario, precioso, escaso y, al mismo tiempo, constituye el factor más importante que determina su capacidad de triunfar en la etapa posterior a la recesión y más allá.

La correcta ejecución de todo lo dicho en este libro depende de los actos de las personas que trabajan con y para usted: de su motivación, su enfoque, su pasión y su capacidad para adaptarse. Si se les da la libertad para desarrollar todo su potencial en lugar de extraerles hasta la última gota de eficiencia como se hacía a la vieja usanza, de la innovación y la creatividad de las personas más preparadas de su equipo surgirá más riqueza y valor. Recortar, recortar, recortar, quizás es lo que haya hecho en estos últimos años para sobrevivir, pero esas medidas no pueden ser los fundamentos para conservar un Valor de por Vida en las importantísimas relaciones con sus clientes. Sólo las acciones de sus mejores profesionales, impulsados por un Objetivo Común, obsesionados y centrados en la revolución de las relaciones personales, serán capaces de aportar el valor que usted anhela dejar como legado.

Estoy convencido de que nunca existe escasez de talento, ¡nunca! Lo que hay es escasez de buenas empresas donde los mejores quieran trabajar. ¿Es su empresa una de ellas? ¿Es usted un imán para el talento? Ésta es la pregunta más importante que un director general le puede formular a un responsable de recursos humanos: ¿somos un imán para el talento? Y si no lo somos, ¿por qué? Debe hacerse esta pregunta una y otra vez. Los recursos humanos siguen padeciendo de un complejo de inferioridad como consecuencia de haber pasado demasiados años centrados en temas inadecuados. Muchas de las funciones de las que tradicionalmente se han venido ocupando los recursos humanos a lo largo de los últimos veinte años se han externalizado porque no eran esenciales para la estrategia del negocio. ¿Hay algo más importante que la gestión del talento? ¿Qué puede haber que sea más importante que contratar, compensar y retener a la gente adecuada durante el periodo correcto? ¿Qué puede haber más decisivo que crear una cultura y un

> *Nunca existe escasez de talento, sólo hay escasez de buenas empresas para los que los mejores quieran trabajar*

ambiente en el que la gente con talento disponga de la libertad para desarrollar todo su potencial?

¿Cuántas veces ha escuchado la frase «las personas son nuestro activo más importante» en boca de diferentes directores generales? ¿Con qué frecuencia pensó, o quizá supo a ciencia cierta, que no se creían realmente lo que decían, o al menos que no se comportaban de acuerdo con sus palabras? ¿Cuántos daños se han producido por esto? Haga un rápido repaso de páginas web de empresas y de libros sobre recursos humanos y cuente las veces que esta frase, u otras similares, aparece. ¿Cuántas veces se cumple esta promesa en el trato que las empresas dan cada día, cada semana y cada año a sus empleados? Por mi experiencia, y sospecho que por la suya también, una proporción muy pequeña en comparación con el número de veces que la frase la invoca. Esta expresión ha pasado a formar parte integral del lenguaje corporativo hasta llegar a perder casi totalmente su significado. Cuando usted se la dice a sus empleados, ¿se sonríen y entornan los ojos o se la creen realmente? Un consejo: no la utilice a menos que sus actos corroboren sus palabras. Si no es así, quedará como un tonto.

Es necesario que usted cierre la Brecha del Compromiso no sólo con sus clientes, sino también con sus empleados. Volvamos al símil entre el entorno empresarial y las relaciones personales. ¿Le parecería bien decirle a alguien «te quiero» una y otra vez sencillamente porque se siente en la obligación de hacerlo? La mayoría de la gente pensaría que no. Si esto es así, ¿por qué hay tantas personas con poder dispuestas a hacer una afirmación de tanto calado ante su equipo, señalándolos como un valor fundamental para la empresa? ¿Sencillamente porque piensan que deben hacerlo, o porque todos sus competidores lo están diciendo sin creérselo de verdad? Si usted es uno de ellos, está provocando una Brecha del Compromiso con su equipo, que puede resultar más peligrosa incluso que la que exista entre usted y sus clientes.

Si usted está convencido de que las relaciones con los clientes serán «el» factor determinante para el éxito en la etapa posterior a la recesión, y de que estas relaciones crearán Valor Único en una era en la que *todos* buscamos valor, entonces la correcta ejecución de todo esto se concreta en ajustar su Plan del Talento con su Plan de Negocio. Por supuesto que usted cuenta con un Plan de Negocio, revisado, y posiblemente ajustado, cada trimestre del año fiscal. ¿Cuenta también con un Plan del Talento elaborado con la misma frecuencia que sus Planes de Negocio y ajustado en consonancia? Si no es así, ¿por qué no? La mayor pérdida de tiempo y de dinero en cualquier empresa tiene lugar cuando la estrategia y el talento no están acordes. El talento es una prioridad estratégica. ¿Lo es en su empresa? Si es así, ¿cómo se materializa? ¿Estaría su equipo de acuerdo con esta afirmación? ¿Qué votos tienen más peso?

La convergencia de personas, clientes y valores corporativos ha sido mi mayor pasión a lo largo de toda mi carrera. Durante mi periodo en Airmiles, impulsé el primer modelo integral de padrinazgo corporativo en Europa, no sólo para los altos directivos sino para todos a partir del nivel de supervisor. Todos disponían de un mentor personal y tenían que reunirse con él un número determinado de veces al mes. El proceso surgió por mi firme convencimiento de que el talento era realmente una prioridad estratégica, y que era necesario hacer todos los esfuerzos posibles para ajustarlo con la estrategia facilitando el tiempo necesario para que las personas reflexionaran con alguien que no era su jefe acerca de las cuestiones más importantes a las que se tenían que enfrentar. Desarrollamos este sólido programa de padrinazgo en torno a unas sencillas premisas:

1. Ayudar a las personas a ser conscientes de los *retos* a los que se estaban enfrentando.
2. Ayudarles a percibir las diferentes *opciones* que tenían.
3. Ayudarles a comprender las *consecuencias* de sus elecciones y de sus actos.

Creo que ésta es una forma fundamental de sacar el máximo partido al talento en su organización y de conseguir que las personas se sientan valoradas. Este tipo de inversión en tiempo y en dinero es una demostración evidente de que la gente es realmente el activo más importante en la empresa.

Contrate a las personas con más talento que pueda permitirse. Mímelos. Cuídelos. Invierta en ellos. Observe cómo crecen. Deles libertad. Cuando deciden quedarse, ¿por qué lo hacen? En lugar de obsesionarse exclusivamente por las entrevistas de despedida y por saber por qué la gente se marcha, ¿está igualmente preocupado por saber por qué los profesionales válidos se quedan?

Es verdad que las personas se quedan o se van de las empresas por multitud de razones. Investigación tras investigación, se ha puesto de manifiesto que pocas veces lo hacen por dinero. De igual forma, es probable que sus trabajadores más valiosos no se encuentren precisamente entre los menos inquietos: aquellos que se limitan a pasar el tiempo porque no quieren tomarse la molestia de buscar algo mejor, o porque dudan de que otra empresa quisiera contratarlos. Las razones para quedarse en un trabajo quizás hayan cambiado de una forma radical en los últimos años y tengan ahora mucho que ver con la información, las opciones, el poder y el control. ¿Le resulta familiar? La simetría entre las necesidades de su gente con más talento y de sus clientes más fieles le debería resultar evidente.

Las mejores organizaciones para trabajar que prefieren la gente con más talento tienen tres características fundamentales en común. Todas disponen de:

1. Apertura en la comunicación, o comunicaciones diáfanas: «Sé lo que está pasando».
2. Apertura en la contribución, o interés por contribuir: «Sé que puedo marcar una diferencia».
3. Apertura en las oportunidades, u oportunidades para todos: «Sé que puedo avanzar».

Comunicar, colaborar y avanzar. Sus empleados con talento esperan exactamente lo mismo que sus clientes fieles, pero con mayor intensidad. Al fin y al cabo, la relación de sus clientes con usted y con sus productos sólo tiene lugar entre cada semana y cada dos meses. Para sus empleados, el compromiso con usted puede llegar a representar tanto como la mitad de las horas que pasan despiertos. ¿No implica esto que serán mucho más exigentes? ¿Qué está usted haciendo para darles una respuesta?

La actual generación de trabajadores, al igual que la de consumidores, está acostumbrada a comunicarse permanentemente, y concibe las redes sociales y las conversaciones constantes como una forma de vida. De igual forma que usted necesita conocer en tiempo real y en todo momento lo que sus clientes están diciendo acerca de usted, de su empresa, sus productos, su servicio, sus normas de trabajo o sus valores —al tiempo que se relaciona con ellos para adaptarse y crear valor—, usted también debe tener en cuenta las redes sociales internas y lo que las personas que trabajan con y para usted están contando. ¿Prefiere ignorarlo o hacer ver que no ocurre, o por el contrario se relaciona con ellos, adaptándose, respondiendo y animando su comunicación y su participación? Usted debería actuar como hace con sus clientes —siempre en tiempo real— para construir y mantener las relaciones, y por lo tanto el valor, de la empresa.

Los trabajadores del futuro verán la colaboración como algo normal, no excepcional, tanto en su vida personal como en la profesional. Si usted no les da la capacidad para colaborar y aportar más allá de los límites, las divisiones, las jerarquías y la geografía, tomarán la decisión de irse a otra parte. Así de importante y de sencillo. No sea tan inocente como para pensar que la movilidad de las personas con más talento ha desaparecido como consecuencia de la recesión. Si no dispone de valores y normas empresariales que potencien el intercambio de ideas, usted no tiene futuro.

Las ideas son la sangre vital del talento. En el fondo, hacen que la gente con talento sea así. Estas personas tienen la capacidad de ver y el coraje de actuar. La libertad que usted les dé para comunicarse, colaborar y participar determinará su capacidad para triunfar. Por lo tanto, la obsesión por eliminar la burocracia es para la gente de su organización tan importante, si no más, que para sus clientes. Contratar personas con talento e insertarlas en un entorno burocrático es un acto casi criminal. Podría ser la forma más rápida de malgastar el tiempo y el dinero, porque en cuanto puedan se marcharán. Igual que con sus clientes, con su equipo tampoco podrá escapar a su enfado, frustración o desengaño en la etapa posterior a la recesión. Las promesas incumplidas y los discursos huecos dañarán con toda seguridad la única arma de que dispone para relacionarse y retener el mejor talento: su credibilidad. Estas personas enfadadas, frustradas, desengañadas pero con talento también se dedicarán a explicarle a la gente a través de las redes sociales (muchas veces llegarán a personas igualmente con talento) que el ambiente de trabajo y los valores de su empresa son espantosos... o algo peor.

El mayor despilfarro de tiempo y de dinero se produce cuando la estrategia y el talento no están a la par

Los efectos extraordinarios, únicos en toda una generación, provocados por las crisis global y la recesión, han tenido una influencia sísmica en todo lo que se refiere a la forma de contratar, retener y compensar el talento, igual que sobre la manera de entender las relaciones con sus clientes. Hace unos años, antes de la recesión, la expresión «la guerra por el talento» se convirtió en una preocupación corporativa. McKinsey llevó a cabo en 1997 la investigación base para el estudio *The War for Talent* [La guerra por el talento]. Este estudio detectó unos factores demográficos clave: la progresiva jubilación de la generación del *baby boom*, acompañada del descenso de la población en el mundo desarrollado (y por consiguiente la escasez de jóvenes trabajadores que se incorporaban al mercado laboral), implicaba que uno de los retos más importantes para las empresas a nivel global sería la localización, motivación y retención de personas capacitadas. En esencia, lo que el informe de McKinsey venía a decir era que el talento era una bomba de relojería para los negocios en el siglo XXI. En 2006, una actualización del estudio apuntaba que los líderes empresariales seguían considerando que el reto más destacado para su gestión consistía en encontrar las personas con el talento adecuado. Cuando la recesión explotó, transformando el panorama económico con una intensidad sin precedentes, muchas personas creyeron que el talento dejaría de ser prioritario. De pronto, con un nivel de desempleo del 10 por ciento en Estados Unidos, y con unas cifras parecidas en todo el mundo, la preocupación por el talento parecía algo de épocas más felices. Como las circunstancias económicas obligaban a empresas antes estables y exitosas a despedir a algunos de sus mejores empleados, cabía pensar que de pronto el talento abundaba en lugar de escasear y que habían cambiado las tornas, creando un mercado favorable para las empresas.

Esto a la vez es y no es cierto. La supervivencia a la hora de afrontar los retos de la recesión se ha basado en saber cómo recortar costes sin llegar al suicidio. ¿Es usted consciente de si el recorte ha afectado en exceso a sus mejores empleados? ¿Cómo lo sabe? ¿Qué medidas emplea para determinarlo? Si usted ha sido capaz de evitar esta trampa, muchos de sus competidores casi con toda certeza no lo han sido. La recesión ha ofrecido a muchas empresas astutas la oportunidad de acceder a personal con talento de sus competidores, y con él a muchos de sus conocimientos y experiencias. Hay mucha gente magnífica disponible en el mercado laboral, en una proporción que hace un par de años le hubiera parecido un sueño. ¿Sabe dónde están, quiénes son y lo que quieren? *Ahora es el momento* de asegurarse de que usted es un imán capaz de atraer a la mejor gente y de confirmar que la revolución de las relaciones personales se da tanto dentro como fuera de su empresa.

El talento de las personas que usted contrate tiene que ir acompañado por la pasión por el trabajo para el que han sido contratadas. Si no es así, es mejor que no los incorpore a la empresa o que les busque un puesto en el que puedan trabajar con pasión. A la hora de escoger a las personas la pasión puede ser el factor más importante y al mismo tiempo el más complejo de medir. Si cae en la trampa de contratar a alguien con mucho talento sin valorar su pasión por el puesto para el que va a ser escogido, usted está actuando con dejadez. Y ello puede representar un despilfarro de dimensiones enormes. Las personas consiguen sus mayores éxitos cuando se apasionan por lo que hacen.

Usted debe empeñarse en atraer a personas con talento potencial de la misma forma que intenta localizar y fidelizar clientes potenciales de por vida. El Informe Trimestral de McKinsey de 2008 argumentaba que usted, para ganar la guerra por el talento, deberá concentrarse intensamente en su «propuesta de valor». Esta propuesta de valor se basa en muchos aspectos en su valor de marca como empresa y en aquello que representa. ¿Resulta atractiva su marca corporativa para las personas con más talento que usted intenta atraer? Necesita conocer las diversas necesidades y expectativas de la Generación Y tanto como las de la Generación X. Debe saber si es capaz de atraer trabajadores mayores, rebosantes de sabiduría y experiencia, para los que la palabra jubilación quizá no tenga ninguna connotación atractiva.

Las personas consiguen sus mayores éxitos cuando se apasionan por lo que hacen

Es posible que también deba atraer a personas de más allá de sus fronteras para disponer del mejor talento en los mercados emergentes. Recuerde: la proximidad le hace afinar mejor. Esa precisión le permite estar preparado para la revolución de las relaciones personales ya en marcha entre sus empleados, sus futuros colaboradores y sus clientes.

El gran escritor y filósofo Charles Handy, quizás el analista del mundo del trabajo y de las organizaciones más profundo y certero del siglo pasado, fue el primero en detectar, en muchos de sus trabajos sobre teoría de la gestión empresarial, las nuevas tendencias hacia las *carreras múltiples*. Sostenía que en el futuro las empresas contratarían a sus empleados como lo hacen los estudios de Hollywood para sus películas: buscando a la persona adecuada para el trabajo específico durante un período determinado de tiempo, proyecto a proyecto. Dije al inicio del capítulo que el talento era tan precioso, y tan necesario económicamente, como el petróleo. Por lo tanto, quizá no sea una simple coincidencia que Charles Handy comenzara su carrera como empleado de la empresa petrolera Royal Dutch Shell.

El petróleo ha hecho rica a mucha gente. He tenido la ocasión de formular la siguiente pregunta a numerosas audiencias en mis conferencias en los países del Golfo: «El petróleo os ha hecho ricos, pero ¿será capaz el talento de preservar esta riqueza?», «¿Existe un *talentoducto* en su empresa?» Quizás usted deba plantearse también estas cuestiones, tanto si se ha hecho rico con el petróleo como si no.

El talento sólo levanta el vuelo cuando es libre

En esencia, centrarse en el talento tiene que ver con apuntar a lo más alto. Tanto los ciudadanos como los clientes exigen constantemente un comportamiento político y económico que aspire a lo mejor. La creencia en el progreso está muy enraizada en la mente humana. Si usted no está a la altura, quedará relegado por empresas que son más persistentes, más activas, ven más a largo plazo, son más flexibles y tienen en sí mismas más talento. A lo largo de mi carrera he descubierto que el talento sólo levanta el vuelo cuando es libre. Piense en el mejor jefe que haya tenido. Estoy seguro de que fue con mucha probabilidad quien le dio la máxima libertad para desarrollar todo su potencial. Ahora plantéese: ¿es usted ese tipo de jefe? Si no lo es, ¿por qué no? Esa persona debería ser su modelo, y su objetivo tiene que ser ayudar a su equipo a desarrollar todo su potencial.

Quizás uno de los promotores y defensores del talento con más éxito en los últimos tiempos sea precisamente uno de los hombres de negocios más temido, duro y respetado del siglo pasado: Jack Welch, el legendario antiguo presidente y director general de General Electric (GE). Como es sabido, durante su mandato al frente de GE, Welch impulsó la renovación anual del 10 por ciento «inferior» de sus directivos, aquellos que rendían menos o que sencillamente ya no encajaban en los valores y normas de GE. Esto puede parecer contradictorio, pero es un hecho difícil de discutir, visto el enorme éxito que GE tuvo bajo el liderazgo de Welch. Él mismo se preguntaba en su libro *Winning*, dedicado casi íntegramente a la gestión del talento: «¿Reemplazar cada año un 10 por ciento era una medida cruel y darwinista, o era realmente justa y efectiva?» Welch explica su filosofía de esta forma:

Las empresas ganan cuando *realizan una distinción clara y significativa* entre los negocios y las personas que rinden más y las que rinden menos, y cuando cuidan a los fuertes y prescinden de los débiles abierta y honradamente.

Welch eliminó sin piedad capas de jerarquía y burocracia en GE, dando a todos más oportunidades para que contribuyeran al máximo. Durante su mandato invertía una parte importante de su tiempo visitando el mundialmente famoso centro de formación de Croton-on-Hudson, departiendo cara a cara con los nuevos ejecutivos, permitiendo que le hicieran preguntas, escuchando e inquiriendo. Esta falta de formalismos y esta proximidad le hacían más listo, según Welch. Afirma que hacia el final de su carrera en GE solía dedicar cerca del 50 por ciento de su tiempo como director general a temas relacionados con el talento. Quería estar cerca. Quería ser listo. Quería estar preparado para el éxito.

Jack Welch dejó un legado impresionante en GE. Se le atribuye la generación de un valor de cincuenta y siete mil millones de dólares a lo largo de los años en que dirigió la empresa. El legado que dejan es algo que preocupa a casi todos los líderes empresariales de éxito. Para usted, su legado no tiene mucho que ver con la riqueza que personalmente pueda acumular. En realidad, residirá en el éxito que tenga su empresa en los años posteriores a su marcha, lo que está íntimamente relacionado, sobre todo, con el talento que usted está incorporando en este preciso momento. La revolución de las relaciones personales está aquí, y será la gente con talento la que hará que triunfe.

8

El método Virtuoso: cómo las relaciones personales revolucionaron los viajes de lujo

El reto que representa la Revolución de las Relaciones puede parecernos extraordinario, incluso insalvable a veces. Estar *realmente* cerca de sus clientes, construir unas relaciones basadas en la confianza, compartir el poder, la información y el control, y construir un negocio a partir del servicio y el talento exige una visión muy clara, una enorme habilidad y un gran valor. ¿Tiene usted todo lo necesario para lograrlo?

Las buenas noticias que llegan desde las barricadas de la revolución es que *es posible conseguirlo*. En mi propia experiencia he conocido, trabajado y dado conferencias en empresas que han conquistado logros históricos al sumarse a la revolución de las relaciones personales antes de que se vieran obligados a ello. Me gustaría hablarles de una de esas empresas: Virtuoso. Con sede en Fort Worth, Texas, la red de Virtuoso es la más grande en el sector de viajes vacacionales de lujo, con unas ventas superiores a los cinco mil doscientos millones de dólares. ¿Cómo lo han conseguido? La empresa pertenece a un sector que yo conozco muy bien, el de los viajes, y que en las tres últimas décadas ha quedado traumatizado por un cataclismo de cambios. Sin embargo, la historia de esta empresa constituye un ejemplo extraordinario de cómo la creación de un Valor Único y la concentración en las relaciones de tú a tú pueden revolucionar todo un sector y conquistar el éxito. Ellos fueron capaces de ver el futuro antes que su competencia, ¡y llegaron antes!

La historia empieza hace más de treinta años, con el auténtico *boom* de las agencias de viajes, coincidiendo con la desregulación del sector aéreo en Estados Unidos en 1977. Como consecuencia de la desregulación, las tarifas se hicieron infinitamente más complejas, con un confuso arco de precios y una profusión de arcanos códigos de reserva. Para las compañías aéreas, la única forma de gestionar toda esta nueva complejidad era delegar en las agencias de viajes las reservas y la atención a los clientes, después de estimar que el coste de venta y distribución incluido en la comisión de la agencia era más rentable que proporcionar esos servicios directamente. Treinta años más tarde esta decisión de externalizar la distribución y la imposibilidad de relacionar esa distribución con las relaciones con los clientes son los factores determinantes detrás de los retos que hoy en día afectan al sector aéreo. El gran error de las aerolíneas fue caer en la trampa de confundir el valor con el precio. Aún están luchando para superarlo.

A mediados de los noventa las cosas empeoraron aún más cuando las compañías aéreas, con la intención de reducir costes, recortaron las comisiones de las agencias de un 10 a un 5 por ciento; una vez más, otra relación rota por considerar que el valor de las relaciones se puede medir de forma inmediata en dólares y centavos. Después del 11 de septiembre y de todas las desgracias que comportó para el sector aéreo, las comisiones de las agencias de viajes desaparecieron del todo. De las agencias que sobreviven, la mayoría cobra a sus clientes un recargo por gestionar sus reservas, algo que podrían hacer ellos mismos directamente por lo que cuesta una conexión de banda ancha. Entonces, ¿por qué los intermediarios gestionan alrededor de la mitad de todas las ventas de billetes? Sencillamente, porque los clientes prefieren pagar un recargo y no tratar directamente con las compañías aéreas. ¿Qué indica esto acerca de la relación entre el sector y sus clientes?

Las líneas aéreas no fueron las únicas que fijaron su atención en las agencias de viajes y en sus costes de distribución, en un sector que mueve seis billones de dólares en todo el mundo. Bill Gates y Microsoft abrieron Expedia en 1995 y cambiaron para siempre la forma de hacer reservas de viajes. El cambio fue muy rápido. En 1996 Microsoft publicó su primer anuncio a toda plana en el *Wall Street Journal*, invitando a los clientes a acceder al «mismo sistema de reservas» que empleaban las agencias de viajes sin tener que moverse de sus mesas. En marzo de 1997 Expedia declaró que había llegado a realizar reservas por valor de un millón de dólares en una semana. El 80 por ciento correspondía a billetes de avión. En enero de 2002 las reservas vía Internet suponían un

Sea parte de la Revolución de las Relaciones antes de que le sea impuesta

14,4 por ciento del total. Los expertos proclamaron la desaparición de las agencias de viajes físicas. En realidad, todo hacía presagiar una tormenta perfecta. La profunda caída en la demanda tras el 11 de septiembre; el exceso de oferta generado por las previsiones optimistas de crecimiento ligadas a la generación del *baby boom*, rica y en proceso de jubilación, que los proveedores se veían obligados a ocupar a cualquier precio, y el mundo de Internet, vasto, sin fronteras, cómodo y basado en la búsqueda del mejor precio. En estas circunstancias, lo único que un intermediario podía esperar eran desgracias.

Entonces, ¿cómo se las ha ingeniado la red de agencias de viajes de Virtuoso —trescientas cincuenta en todo el mundo con seis mil asesores, apoyados por mil seiscientos proveedores de viajes—, en medio de este cambio estructural del sector, no sólo para sobrevivir, sino para crecer hasta convertirse en un símbolo?

En octubre de 1988 se formó un increíble grupo integrado por un veterano del sector, Jesse Upchurch; un joven e inspirador visionario, Matthew Upchurch; un respetado especialista en el sector de los viajes, Walter Jost, que previamente había dirigido un grupo de agencias bajo el paraguas de Allied Travel; y una especialista en márketing y hábil mujer de negocios, Kristi Jones. La cuestión que querían resolver era cómo podían enviar a los clientes información acerca de viajes adaptándose a su propia «velocidad vital». Ocho años antes del lanzamiento de Expedia, estos cuatro visionarios propusieron a un reducido grupo de escépticos propietarios de agencias de viajes un nuevo sistema para vender viajes de lujo. La idea era crear una revista de estilos de vida que ofreciera los destinos de los principales proveedores dentro de un formato editorial, personalizado para cada agencia y enviado directamente a las viviendas de los clientes.

La idea cuajó. La revista *Voyage*, que pasó a ser de los primeros *magalogues* del mundo, un híbrido entre una revista y un catálogo, representó una innovación que simplificó las vidas de los agentes de viajes y de los proveedores al distribuir directamente a los clientes ofertas de viaje adaptadas a la «velocidad vital» de cada uno, que en los años ochenta todavía venía marcada por el papel. En 1988, la distribución de información era un problema clave tanto para los proveedores, que gastaban decenas de miles de dólares imprimiendo folletos, como para las agencias de viajes, que se enfrentaban a la difícil tarea de distribuir esta información a los clientes idóneos. En esa época el grueso de las ventas de cruceros, viajes de lujo y expediciones organizadas a destinos internacionales se realizaba a través de una red de treinta y cinco mil agencias de viajes, en su mayoría independientes. ¿Cómo armonizar los intereses de todos los involucrados (agencias de viajes, proveedores y, por supuesto, los clientes) en este disperso pero floreciente mercado? El origen del caso que analizamos comenzó como una cooperativa; pequeñas y muy selectas agencias de viajes se agruparon en un despacho en Nueva York y decidieron que el futuro del sector exigía generar «masa crítica» construyendo relaciones y compartiendo información. Esto representó el principio de una Revolución de las Relaciones que cambió este sector para siempre.

Hoy en día, aquella pequeña empresa, controlada de forma privada, ha crecido de tal forma que compite con gigantes de la distribución de viajes como Expedia, Travelocity y American Express. En última instancia, el éxito de Virtuoso se basa en su visión de que el valor no reside en la mecánica de la distribución de la información, sea ésta mediante *magalogues*, el correo o el ordenador, sino en fomentar las relaciones a partir de las bases de datos de las agencias de viajes.

Las agencias que forman parte de Virtuoso han desarrollado su negocio cliente a cliente. Su éxito hasta el momento radica en recordar sus cumpleaños y sus aniversarios, la edad de sus hijos, la comida que prefieren, cuál fue su impresión del último viaje que hicieron y qué sueños tienen para su jubilación. Estas agencias no tuvieron miedo de *aproximarse* mucho a sus clientes. Ese conocimiento acerca del cliente estaba acompañado de una comprensión profunda de sus proveedores. Se trataba de agentes que habían recorrido el mundo, habían establecido amistad con los hoteleros y eran capaces de llamar a los presidentes de las compañías de cruceros para pedirles un favor o de diseñar un itinerario para un mayorista. Por decirlo de una forma directa: afinaban mucho, gracias a su enorme proximidad a sus clientes.

Siete años más tarde, muchas agencias de viajes se vieron abocadas al desastre cuando Bill Gates anunció el lanzamiento de Expedia, aconsejando a los clientes que «borraran el número de teléfono de su agencia de viajes». Virtuoso apareció como una voz solitaria en el desierto, citando los versos de T. S. Elliot:

¿Dónde está la sabiduría que perdimos con nuestros conocimientos?
¿Dónde está el conocimiento que perdimos con tanta información?[5]

Virtuoso acertó al predecir que muchos clientes se encontrarían perdidos en una jungla de información y de ofertas. Una persona con un trabajo a tiempo completo, quizá con hijos y un hogar del que ocuparse, no dispone de tiempo ni quiere perder un día entero navegando en la red para preparar sus vacaciones. En cambio, lo más probable es que sí desee una brújula que le ayude a navegar y a tomar decisiones con fundamento. Virtuoso supo reconocer el papel de los agentes de viajes, transformándose de un mero «reservador» para convertirse en un consultor para su cliente, un asesor y un abogado.

API Travel Consultants se convirtió en Virtuoso en 2000. El cambio de nombre reflejaba también un cambio en su compromiso con los clientes. Virtuoso se pensó para conjugar la capacidad de la red con su alcance global, siendo fiel a la definición de la empresa: «Especialistas en el arte de viajar». A partir de aquí prosiguió con su vocación anterior de compartir la información. Virtuoso abrió su red de agentes y se convirtió en una fuente para los medios de comunicación, siempre en busca de nuevas tendencias en estilos de vida y de información

---

5. «*Where is the wisdom we have lost in knowledge? / Where is the knowledge we have lost in information?*» T. S. Eliot (1934), coros de *The Rock*, Faber & Faber, Londres.

sobre novedosos destinos. Al fin y al cabo, más de seis mil asesores de viajes ligados a Virtuoso recorren el mundo cada año, aprendiendo cada vez más acerca de los destinos y de las preferencias de su clientela. De esta forma, la marca de Virtuoso se convirtió en sinónimo en todo Estados Unidos de información y novedades sobre viajes de gama alta, ofrecida directamente por asesores que conocían esos destinos.

Para poder cumplir su compromiso con los clientes de ofrecerles una tipo de viaje semiartesanal, la dirección de Virtuoso comprendió que tenía que hacer fuertes inversiones. Sabían que su propia Revolución de las Relaciones no iba a resultar barata. La primera inversión de calado se hizo en tecnología. Aunque parezca sorprendente, incluso Expedia en sus inicios no era más que una simple conexión de las pantallas del sistema de reservas de las aerolíneas, destinada al consumidor. Comprendiendo que Expedia había perfeccionado el «hágalo usted mismo» en el sector de viajes en masa, Virtuoso sabía que su única esperanza para triunfar era hacer algo diferente. Matthew Upchurch, el consejero delegado de Virtuoso, cree que «toda la tecnología existente en el sector de viajes prescinde del aspecto humano de la transacción». Virtuoso quería emplear la tecnología para recuperar esa relación. Creó la plataforma Composer [«compositor»], para estar a la altura del compromiso de la empresa: «Nosotros orquestamos sueños». El sistema se centra en el perfil del usuario, integrando la información sobre el cliente, con recomendaciones, las novedades más importantes en el sector y una amplia gama de opciones de viajes de más de mil seiscientos proveedores. Toda esta información llega al asesor, quien la pone al servicio de sus clientes. En una época en la que todo el mundo se ha sentido alguna vez aturdido ante el intenso ruido de Internet, esta claridad y personalización es muy de agradecer. Gracias al hecho de haber comprendido esto desde sus inicios, Virtuoso y sus asesores estaban en una posición inmejorable para explotar las nuevas formas de relación y los canales de comunicación abiertos por el mundo de las redes sociales. Al animar a sus asesores a abrir páginas en Facebook y a desarrollar seguidores en Twitter, Virtuoso ha recogido los beneficios de conectar con los clientes a partir de la pasión profunda y compartida por viajar.

Desde mi punto de vista, Virtuoso sabe que los viajes son una herramienta, no una solución. Son las personas las que proporcionan un buen servicio y las que hacen posibles excelentes relaciones. A pesar de que vivimos en un mundo con alta tecnología, acostumbrado a realizar múltiples tareas al mismo tiempo y en el que se están perdiendo los contactos cara a cara, las relaciones personales siguen constituyendo un anhelo para todos. Virtuoso cree firmemente que el elemento vital para el futuro del sector reside en las relaciones de confianza y de respeto. Estas relaciones exigen tiempo, contenido, diálogo, intercambio y comprensión. Para conseguirlo, Virtuoso invierte en programas de formación para el desarrollo profesional de sus agentes y los pone a su disposición gratis o a unos precios muy económicos. Esto ha permitido a la empresa mantenerse al día en los cambios de los perfiles sociales de los viajeros, empezando por la abierta y sociable generación posterior a la Segunda Guerra

Mundial, siguiendo por la más autónoma del *baby boom* y llegando, en la actualidad, a la de la Generación X o la Generación Y. Sólo las personas pueden comprender a las personas y desarrollar unas relaciones que cubran sus necesidades. La preocupación de Virtuoso por su gente le ha permitido contar con el mejor talento joven en su sector.

Pero ¿qué pasa con la otra relación clave para los viajes, la de las compañías aéreas que representan un proveedor importante para cualquier intermediario? Como ya he apuntado, durante el periodo de expansión de Virtuoso, las aerolíneas estaban recortando las comisiones que pagaban a las agencias de viajes. Y, sin embargo, en esas circunstancias, al tiempo que iban prescindiendo de las agencias que no aportaban valor en las transacciones, aumentaban su colaboración con Virtuoso, conscientes de que su posición en el segmento alto del sector les permitía mejorar la ocupación en las zonas de lujo de sus aparatos. Virtuoso solucionó este dilema gracias a su visión de lo que aportan las relaciones.

Virtuoso ha estado en primera línea en la batalla contra la despersonalización

Por primera vez en este siglo, las ventas de viajes *online* experimentaron en 2008 una caída. Cada vez más clientes manifestaban su frustración ante la falta de atención personalizada o de pautas que les ayudaran a orientarse en la vorágine de información en la red. Una encuesta reciente ponía de manifiesto que la mayor parte de los viajeros preferirían trabajar con un buen asesor de viajes y que estarían dispuestos a pagar por sus servicios.

Por descontado que para Virtuoso, como para cualquier negocio en activo durante la pasada década, los hechos del 11 de septiembre y posteriormente la reciente recesión han supuesto una amenaza muy seria. Los viajes son un gasto discrecional; cuando la oferta excede a la demanda a causa de circunstancias globales o del temor de los consumidores, los precios y las reservas caen hasta niveles insostenibles. La respuesta de Virtuoso ha sido, en ambos sentidos, alterar su mensaje, pasando de uno centrado en la venta a otro centrado en al apoyo al cliente. En los momentos posteriores al 11 de septiembre, Virtuoso publicó una declaración afirmando que «las fronteras dividen y los viajes unen», defendiendo los beneficios de viajar en un mundo que parecía tan problemático y aterrador. En 2009, en medio de una de las peores recesiones que se recuerdan, Virtuoso ha liderado el concepto de «la rentabilidad de la vida». En unas circunstancias en las que las acciones y participaciones podían perder todo su valor en cuestión de días, Virtuoso enfatizó que su Valor Único era el valor de la vida; poca gente niega que el dinero gastado en un viaje enriquecedor realizado con personas queridas es un dinero bien invertido. La definición del lujo, de acuerdo con la dirección de Virtuoso, ha cambiado en los últimos años. Palabras como *bling* y ostentación han caído en desuso. En su lugar, los clientes de Virtuoso quieren viajes con experiencias, atemporales y reveladores, que comporten esa cierta realización personal que estas palabras evocan.

Virtuoso ha liderado la idea de la «rentabilidad de la vida»

El ascenso de las ventas de Virtuoso con esta estrategia hace presagiar que la empresa está liderando un cambio profundo en los viajes de lujo.

Un evento público ha capturado la esencia y el Valor Único de la red de Virtuoso a lo largo de más de dos décadas: la Feria del Viaje de Virtuoso [Virtuoso Travel Mart]. Durante cuatro días, tres mil asesores, propietarios y proveedores se reúnen para mantener encuentros personales, reforzar las relaciones y hacer negocios. En 2009 tuvieron lugar más de veintisiete mil encuentros cara a cara, consiguiéndose en cada uno de ellos establecer nuevas relaciones o reforzar las ya existentes. Tuve la oportunidad de realizar la conferencia inaugural en el evento de 2009 y pude conocer de primera mano este extraordinario y exclusivo ejercicio de construcción de relaciones. ¡No tiene precio!

Lo que más admiro del caso de Virtuoso es cómo las relaciones y su conciencia del Valor Único presiden cada cosa que hacen. Me parece muy positivo que frente a unos retos comerciales tan tremendos los principios de la Revolución de la Relación sean capaces de guiar una empresa hacia aguas más tranquilas y de ayudarla a mantenerse un paso por delante de los demás. Virtuoso lo consiguió cuando aún era una iniciativa pequeña e incipiente, y lo sigue haciendo ahora, como un líder global y como un símbolo para el sector. Esta organización ha estado en primera línea en la batalla contra la despersonalización, convencida de que mejorar la satisfacción del cliente conlleva mejorar los beneficios de la empresa. Sabiendo que la única cosa constante es el cambio, Virtuoso ha sido capaz no sólo de adaptarse al futuro, sino de crearlo.

La historia de Virtuoso es muy aleccionadora, pero su verdadero potencial reside en la capacidad que usted tenga para relacionar las lecciones del caso con su propia batalla en la revolución de las relaciones personales. ¿Podría afrontar el cambio de esta forma? ¿Sabe en qué punto tiene que invertir para construir las relaciones que le permitirán seguir adelante? ¿Cuenta usted con esta meridiana claridad acerca de sus mercados y de dónde reside su Valor Único? El futuro depende de usted.

Epílogo

¡El momento es ya!

Nunca me planteé escribir un libro como una exigencia de mi carrera. Cuando me propusieron hacerlo en la primavera de 2009, tuve la impresión de que se aproximaba un momento decisivo. El sistema financiero global había estado al borde de la catástrofe. Muchas cosas que la gente consideraba seguras estaban bajo amenaza. Nada ayuda a centrar la mente mejor que el miedo, y muchos de mis amigos y conocidos de mayor éxito estaban enfrentándose a los momentos más difíciles de sus vidas. Muchos de ellos me hacían la siguiente pregunta: «¿Cuál será el factor que determine el éxito en la etapa posterior a la recesión?» Este libro surge del intento de responder esta pregunta.

Empecé el texto con la siguiente frase: «La situación económica actual presenta un problema urgente». Mi intención a lo largo de todo el libro ha sido la de transmitir un idea de urgencia para lograr que nos centremos en un conjunto esencial de factores que, en mi opinión, determinarán nuestra supervivencia como organizaciones. Estoy convencido de que es innegable que el desarrollo y el mantenimiento de las relaciones con los clientes es la condición clave para el éxito comercial de cualquier tipo. La idea de titular este libro «la revolución de las relaciones personales» constituía un sencillo intento de resumir la claridad y la urgencia del tema. En una era en la que la búsqueda de valor se ha convertido en objetivo de todos, resulta lógico calibrar en esta dirección el botón de reinicio de esta etapa posterior a la revolución.

Nadie tiene por sí mismo todas las respuestas. Aléjese de quien diga lo contrario. Sin embargo, yo tengo la experiencia de toda una vida, y he puesto toda mi pasión en los temas que constituyen la esencia de este libro y que apoyan todo lo que he defendido en él. Tengo la sincera esperanza de que todos los que hayan dedicado el tiempo a su lectura obtengan una o dos ideas que contribuyan a su éxito en los próximos años. Éste ha sido el objetivo más importante al escribirlo.